Unsolved Mysteries of Chinese Archaeology

Of

Chinese Archaeolo

中国考古未解之谜

谢万幸 杨飞/编著

光明日报出版社

前言
Preface

　　卷帙浩繁的史料典籍同人类历史的全貌相比，无异于沧海一粟。事实上，人类的过去仅有约1％能通过文字记载的史料得知，其他则成为考古学研究的主题。考古的出现与走向成熟为人类找到一条回归遥远过去尘封了的历史的途径。现代人通过科学、系统的发掘，把人类活动的场所真实再现，一处处古代遗址、一件件珍贵文物与文字资料相辉相映，把残缺、破碎、消失的文明与历史重新连接、再次统一。

　　20世纪初，考古被引入中国，不久，便取得了辉煌的成就，并对中国的历史研究产生巨大而深远的影响。北京人的发现，让世界看到了人类演进的清晰进程；殷墟的考古，把传说中的商王朝变成了信史；三星堆的发掘，惊现了一个失落的文明古国；曾侯乙墓的揭秘，让我们见识到战国时代绚烂的音乐王国……

　　然而，在精彩而辉煌的中国考古进程中，还存在着众多悬而未决的问题，给人们留下了无数难以索解的考古奇谜。诸如北京人头盖骨的失踪、红山文化女神像的身份、秦始皇兵马俑的真正主人、楼兰古城的遗弃、尼雅城的消亡、马王堆女尸的千年不腐、曹操的七十二疑冢等。这些考古疑案极富传奇与神秘色彩，不仅有石破天惊的伟大发现，而且一次又一次地改写着中国的历史。它们所散发的巨大魅力以及隐含的种种历史玄机，像磁石般吸引着人们的好奇的目光，并刺激着人们探究其真相的强烈兴趣。破译和解析这种种考古谜题，不仅能传承和普及中国文化的精华和有关知识，而且还能滋养我们的心灵，启迪我们的智慧，也可以得到愉快的精神体验。

　　本书以一种新的视角来研究和探索各个考古未解之谜，参考大量文献、考古资料，并吸收最新的研究成果，择取中国考古史上影响最大、最有研究价值和最被广泛关注的考古未解之谜，通过科学而严谨的分析论证，做出令人信服的结论。本书从古代遗址的不解之谜、消逝的璀璨文明、墓葬的神秘王国、文物的奥秘世界等四个方面透析中国考古，时间上贯穿远古人类直到清朝末期；内容上涵盖宗教、哲学、政治、军事、文化、艺术、建筑、地理等诸多领域。在写作风格上，力求通俗易懂、精确生动，以生动流畅的语言叙写这些重大发现过程中曲折惊险、耐人寻味的故事，将考古的真相娓娓道来，把曾经失落的古代文明的秘密层层揭开，让读者随考古学家一铲一铲地挖掘，与他们一起感受那激动人心的辉煌时刻或接受一次无奈的失落。时空的阻隔使我们对被尘封已久的古代文明感到陌生，单纯依靠文字再现活生生的古代社会是极为困难的。为解决这一问题，我们特选配近400余幅精美的图片，其中有久历沧桑的古代遗址、有考古发掘的现场实景、有精美绝伦的文物照片，还有电脑制作的复原图，具有极高的艺术价值、欣赏价值、史学价值与文化价值。利用这些图片，通过简洁舒朗的版式设计和文字的有机融合，达到具象、直观的阅读效果，营造一个逼真的场景，引领读者来到考古的现场，零距离感受中国文明，全方位观察古人创造的历史、文化、艺术、科学成就，触摸真实而生动的中国古代社会，为读者提供无限的想象空间和广阔的文化视野。

本书对中国考古未解之谜的探索，史料与实物证据并举，使众多富有神秘色彩的考古未解之谜掀开神秘面纱，给读者一窥真相的阅读快感。在这种严肃而充满趣味的探索中，不但披露了大量鲜为人知的细节，再现了考古活动的丰富与变幻，同时还折射出人类对文明兴衰的追怀与感悟、对历史发展的深思、反省及对人类自身终极命运的追问和关怀，让读者从中获得思考与发现的乐趣。

不足之处，请学界专家、广大读者批评指正。

目录

Contents

消逝的璀璨文明

墓葬的神秘王国

文物的奥秘世界

更多资源获取
扫码

Gu dai yi zhi de bu jie zhi mi

古代遗址的不解之谜

半坡遗址 之谜

　　黄河，我们的母亲河，她孕育了众多的文明，创造了灿烂的文化。半坡遗址就是在她身边的村落，这个遗址告诉了我们太多的东西，又留下不少谜团。半坡遗址是 1953 年被考古队发现的，随后几年中，考古工作者进行了多次发掘，渐渐揭开了这沉睡了 6000 多年的原始村落的面目，它位于陕西省西安市东郊，当时林木繁茂，自然环境异常优美。发掘中考古工作者认识到这是一个典型的原始村落，有较高的发展水平。但村民们的生活状态具体如何，人们之间是什么样的关系呢？这些都有待于发掘材料的证明。

　　半坡村落遗址南北长 300 余米、东西宽 200 余米的椭圆形，南部为居住区，北部为公共墓地。东北角有烧陶窑址。居住区、墓地与烧陶窑址之间有一条大壕沟相隔。这条壕沟长 70多米，宽深各约 5～6 米，向两边延伸，起防护的作用，被壕沟围绕的是居住区。居住区内，最显著的是中间有一座大房子，其结构和建筑方法是半地穴式的。所谓半地穴式，是指建造时先挖出一个平整的坑，然后再搭建房屋，以至于房子一半处在地坑中，这种方法在技术落后的情况下易于使房屋稳定。大房子门向东开，中间为火塘，其作用应是村落成员们举行集体活动的地方，如商量大事，接待外族重要来客，可以称为全村的政治文化中心。北边有许多小房屋，小房子的房门都朝向大房屋，形成不甚规则的半圆形房屋群。

　　中小房子有半地穴式和地面建造式两种，从外表来看有圆形和方形之分。墙壁是用草和泥抹成的，房屋中

人面鱼纹盆·仰韶文化半坡型
陕西省西安半坡遗址出土
半坡遗址的彩陶以人面鱼纹最为著名，图案高度意象化，充满神秘色彩。

半坡遗址·新石器时代
陕西省西安市

心都有一个灶坑，是村民们做饭的地方。从房屋中灶坑附近的灰烬中发现有烧残的兽骨，没吃完成堆的螺蛳，可以看出半坡村人早已脱离茹毛饮血的蛮荒生活，过上了比较殷实且安定的日子。

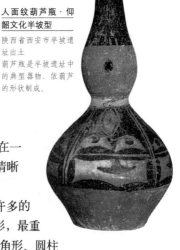

半坡人已知道进行农业生产，使用了石头、兽骨和陶片制造的工具。石器以磨制为主，但仍有少量的打制石器。有些磨制石器也只是在打制的基础上，仅对刃部稍加磨制。石器制作方法的改进对人类来说有重大意义，标志着人类具有了征服自然的能力。遗址中发现生产工具达 600 多件，有斧、铲、锄头。先民们就用这些工具焚树造田、种植粟等农作物，这是典型的"刀耕火种"。在一座房子下面还发现了一陶罐保存完好的粟，粟虽已碳化，但皮壳却清晰可辨。这是半坡人过上了农业生活的有力证明。

当然，渔猎还是村民们非常重要的食物来源，从遗址中发现许多的渔猎工具和残留的大量兽骨可以推测出来。打猎使用的工具丰富多彩，最重要的是弓箭，有不同的样式，光箭头就有柳叶式、三棱形、扁平三角形、圆柱尖头式等。弓箭的使用，让人们的捕猎能力提升了一个台阶，可以更安全、快速地捕到猎物。

陶器也是村民生活中重要的物品，有各种形状的盆、罐用于储藏、煮食物，盛水等。村中有一个公有的制陶作坊，制陶技法已很发达。早期的制法以捏制法为主，到了中晚期开始出现用转速很慢的转轮加以修整的制法。彩陶是具有代表性的一种陶器，彩陶花纹是在制作陶坯过程中绘上去的，然后入窑烧制，这样彩绘可以经久不脱。彩绘多以红色和黑色为主，题材多样，色彩对比强烈。内容除了人物形象外，还有反映动植物、天文等各个方面的写实图案。其中尤其以鱼形纹居多，最具代表性。这些彩绘早已超出实用的范畴，而是先民们创作的文化艺术了。在一些陶器的彩绘上发现了较多刻画符号，有人认为是早期的文字。也有人认为只是随意留下的，并没有什么意义，也无法识读。究竟是不是文字，仅从这些符号是不能确定的，如果哪一天也能像甲骨文一样发现众多材料，说不定汉字史又要向前推了。

在居住区附近有氏族的公共墓地，排列有序，位于居住区之北。这里已发掘出成人墓170 多座，各墓排列纵横有序，成人墓多为一人一墓，合葬的较少。随葬品为日常生活用的陶具诸如罐和壶之类。半坡人对成人和小孩是用不同方式埋葬的。小孩墓地发现有 70 多座，绝大部分就是葬在屋旁，用瓮装着，不入公共墓地。可能是夭折不祥不能入氏族墓地，也可能是由于灵魂观念及"亲子之情"，把幼儿留在身边。

随着发掘的不断深入，半坡村民的生活状态逐渐明了。整个村落，居住区在中心，四周有防护沟，沟北为墓地，东边为窑场，从这种统一规划可看出，人们过的是一种有组织的生活。房屋的大小相近，随葬品数量及质量上相似，所以人们之间并无贫富差别。总之，他们过着一种集体而平等的原始村落生活。

华夏第一都 到底在哪里

河南省偃师市二里头宫殿遗址

中华民族有悠久的历史，从早期的人类到原始氏族社会，这片土地上有过我们祖先的身影。随着生产能力的提高，社会不断进步，尧、舜、禹三代之后，禹的儿子启废除统治权禅让的传统，夺权成立父子相承的国家——夏。"夏"也便成为我国历史上第一个国家政权，我们今天对于夏代的了解相当贫乏，只有少数文献中一些零星的记载。由于商都殷墟的发现，对商王朝的文明状况，我们有了较清楚的了解，而此前的夏代却仍是一片空白，几乎都要让人淡忘这个曾统治华夏几个世纪之久的王朝。如果能找到夏朝的国都遗址，我们就不会对夏代如此迷茫，但作为华夏第一都的夏都到底在哪里，长期以来一直是困扰历史学家的难题。

有人说是位于山西省运城市的夏县，据称，因我国奴隶社会第一个王朝夏朝在此建都而得名，号称"华夏第一都"。其历史悠久，为中华民族的发祥地之一。相传是嫘祖养蚕、大禹建都的地方，素有"禹都"之称。不过至今还没有在夏县找到有说服力的文化遗址。

有人说应该是在今许昌西部的禹州。禹州市是中华民族发祥地之一，大禹因治水有功曾在此受封"夏伯"。禹的儿子启继位后，于钧台大宴天下诸侯，建立了中国历史上第一个奴隶制国家——夏朝，亦被称为华夏第一都。夏都是在禹州吗？目前仍不得而知。

1959年夏，中国科学院考古研究所组织了一支考古队，开始了探寻夏都的田野考察。从传说中夏人活动的中心地区豫西开始，在拨开重重迷雾后，考

玉璋·二里头文化

长48.0厘米，厚0.5厘米
河南省偃师市二里头遗址出土
此器出土于河南省偃师市二里头遗址中心的I号宫殿旧址南部偏西
300米处，同时出土的文物有玉刀、玉钺、玉柄形器、青铜爵等。

古队将目光锁定在河南偃师二里头，集中对其进行考古发掘。以此为标志，中国考古学界开始进入了有目的、有计划地探索夏文化的时期。

　　早期奴隶制夏王朝的存在无可非议，但由于文献和考古资料的缺乏，夏代的文化面貌始终无人确认。20世纪60年代末，考古工作者在河南省偃师县二里头村发现了一些古文化遗址，出土陶器十分特殊，介于龙山文化与商代之间，引起了学术界的极大兴趣。二里头村，位于偃师县西南9千米的洛河南岸。古文化遗址包括二里头、圪当头、四角楼、寨后和辛庄5个村，面积375万平方米。1957年发现后，1959年开始进行发掘和研究工作，先后发掘面积达1万平方米。文化遗物的特征介于龙山文化晚期和商文化早期之间，尚属首次重要发现，命名其为"二里头文化"。　这处遗址的最下层被确认为夏文化，出土有铜刀，为我国发现最早的青铜器。其上层为商代文化，发现有大型宫殿基址，面积达1万平方米。遗址中出土大批工艺精良的铜器与玉器，应为夏商时期的都邑遗址，在考古学上占有极重要的地位，对了解和研究夏商文化的历史有很大意义。

　　经过几十年的研究，可以确认二里头遗址是一座早期王城。但这座都城是属于商代的还是夏代却还不清楚。2003年，考古人员又在现已发现的中国最早都城遗址"二里头遗址"中找到了两座大型宫殿建筑。其中一座，呈缺了一个角的长方形，东西长为110米左右、南北宽100米，东北部折进一角。整个庭院范围都是建造在高于地面半米的夯筑平台上。庭院四周为走廊，除西廊是外有墙、内有走廊外，其余三面中间都是墙，内外皆有走廊，说明在庭院北、东、南三面可能还会有相邻的庭院。这座宫殿的样式，后代有许多建筑都沿用。新的宫殿建筑群的发现又吸引了人们的目光，无论从其规模，还是样式都是皇宫大院的建筑。

　　这两座宫殿遗址的特殊处和意义，不完全在于认定它们是王宫，更重要的是它们发现的位置。早先考查知道二里头遗址所处的社会，很大可能是处于夏商两代分界的时期，其上层是商文化遗留，其下层为夏文化遗留。而这两座宫殿初步考定是处于夏文化层，那岂不是说，我们可以确定这是夏代的都城了吗？有位考古专家激动地说，"这意味着人们几乎可以从中触摸到中国第一个王朝的脉动了"。

青铜爵·二里头文化

高20厘米，尾长26厘米
河南省偃师市二里头出土
这是二里头文化中最具代表性的青铜器。造型细巧，素面而无纹饰。

　　然而事实上，二里头遗址是不是夏都并未得到公认，首先就此遗址本身的时期争论仍在继续，有人说属于夏文化晚期，有人说属于商文化早期，更为普遍的说法是"界于夏商之间"。历史学家冷静地说，"二里头遗址本身还存在着许多未解之谜，作为都城的二里头，它的内涵布局及其演变过程、它的文化面貌及其社会生活与组织结构、它的族属国别以及人地关系等诸多课题，目前还只是粗线条的把握"。

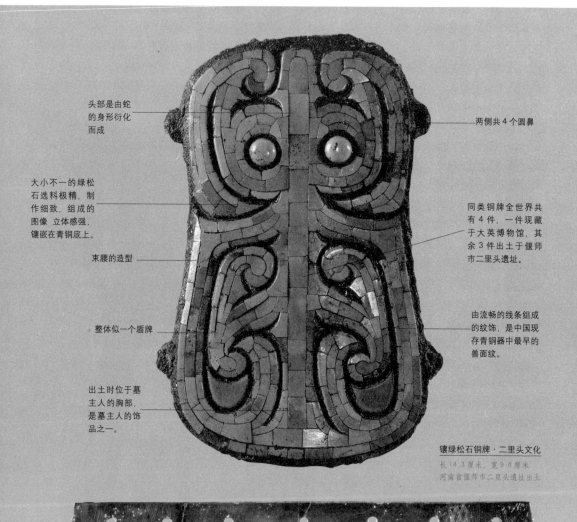

头部是由蛇
的身形衍化
而成

两侧共 4 个圆鼻

大小不一的绿松
石选料极精，制
作细致，组成的
图像 立体感强，
镶嵌在青铜底上。

同类铜牌全世界共
有 4 件，一件现藏
于大英博物馆，其
余 3 件出土于偃师
市二里头遗址。

束腰的造型

整体似一个盾牌

由流畅的线条组成
的纹饰，是中国现
存青铜器中最早的
兽面纹。

出土时位于墓
主人的胸部，
是墓主人的饰
品之一。

镶绿松石铜牌·二里头文化
长 14.3 厘米，宽 9.8 厘米
河南省偃师市二里头遗址出土

七孔石刀·二里头文化
长 65 厘米，宽 9.5 厘米　河南省偃师市二里头遗址出土
这是中国目前发现的最早的玉制刀，装饰有相当精细的弦纹、几何纹，器形宽大，
近刃处平行等距的七孔，有的学者解释为天文学上的北斗七星。

由发掘甲骨而发现的 殷墟 是商代的古都吗

假龙骨——小屯村人的意外发现

　　时间上推到 1899 年，那时还是满清末年，当时的北京国子监祭酒王懿荣，因为患病而吃药。他随便翻看一包刚买来的中药，以检验药的成色，发现一块"龙骨"上有些奇异的刻画符号。他没有轻易放过这个发现，而是立刻去药店查探，得到更多的有字龙骨，综合这些材料他得出这些符号肯定是商代的文字。此后他就不断以高价收购这些甲骨，一些商人也投其所好。此事逐渐为人所知，很多人便纷纷加入收购的行列，从此甲骨身价倍增。因为有巨大的利益，知道甲骨文来源的商人便长期隐瞒真正的出土地点。10 年后，著名甲骨文学家罗振玉终于得知出土位置——河南安阳小屯。

　　甲骨出土数量不断增多，古文字学者罗振玉在 1910 年释出了十几位商王的名号和死后的谥号，这更加证实了小屯村就是湮没的殷墟。

　　公元前 16 世纪前后，商汤灭夏，在中原地区建立了商。在当时特殊的历史背景条件下，商王盘庚曾 5 次迁都，最后定都于殷。直到商纣亡国，273 年间殷一直是商代晚期的统治中心。周取代商以后，殷民迁走，殷都也在漫长的历史变迁中沦为一片废墟。

小屯村遗迹复原建筑

河南省安阳市

殷墟位于河南安阳市西北约 2 千米，以小屯村为中心，包括洹河两岸地区，东西长约 6 千米，南北宽约 4 千米。公元前 14 世纪，盘庚迁都于此，称北蒙，亦称"殷"。周灭殷后，渐趋荒芜，故称殷墟。

对甲骨的发掘

甲骨的发掘工作也经历了几个不同阶段，大体分为：早期的滥采滥挖、中期的低水平集众发掘、前中央研究院的科学发掘，新中国成立后科学系统发掘。

1899年，甲骨文为世人所知后，其身价陡增，当地地主、农民、古董商等为牟取暴利集众挖掘。1904年冬，小屯村地主朱坤率先集众在小屯村北地、洹河南岸的农田中建起了挖掘工地，大肆挖掘甲骨达数车。同村人霍文元、刘金声等人见有利可图，也集众挖掘，双方为了争夺甲骨还发生了群体械斗。最后，安阳知县下令禁止私掘，但禁令并未维持多久，私掘现象依然严重。

后来，前中央研究院历史研究所成立之后，便派董作宾于1928年8月到安阳小屯村调查甲骨出土及保存情况。董作宾在小屯村一带多处调查走访，了解到近几年在小屯村仍有甲骨出土，便从村民手中收购了部分甲骨。经过这次调查，前中央研究院认为小屯村的地下还有甲骨出土的可能，遂从1928年10月至1937年先后进行了15次考古发掘。参加发掘的主要工作人员有李济、梁思永、董作宾、郭宝钧、石璋如等。这15次发掘中，第1至第9次以小屯村为重点，得甲骨6500余片；第10至第12次以距小屯村3千米远的洹河北岸的侯家庄为重点，挖掘了王陵墓葬，但没有甲骨出土；第13至第15次仍以小屯村为重点，得甲骨多达1.84万余片。其中收获最大的一次为1936年春开始的第13次发掘，出土甲骨1.7万片，并有完整和较完整的龟腹甲200多个。

甲骨文·商

河南省安阳市殷墟出土
台湾省台北市故宫博物院藏
1936年殷墟甲骨的发掘取得了重大进展，1.84万余片甲骨在沉睡3000余年后重现世间。上图是这次发掘中出土的较完整骨片。

甲骨文·商

河南省安阳市殷墟出土
北京市中国国家博物馆藏

通过这15次科学系统的发掘，他们不但发现了很多商代晚期的遗址、墓葬，同时还获得有字甲骨2.4918万片。后来，前中央研究院从中选出近1.3万片辑成《殷墟文字甲编》和《殷墟文字乙编》。这10年的殷墟发掘是以考古专业工作者作指导的，出土的甲骨等文物也收归国有，因此这是甲骨学史上的极大收获。特别是后5次发掘，对殷墟建筑基础的遗留及墓葬的排列情况都做了详细研讨，为中国考古学的形成奠定了基础。

新中国成立之后，文化部设立文物局。从1950年春到1977年，文物局对殷墟进行了十几次有组织、有计划的科学发掘工作，共获得有字甲骨5000多片及商代青铜器等珍贵文物，并使商代殷都的面貌整体呈献在世人面前，获得了甲骨学史上的空前收获。

甲骨文的文字特征和占卜之谜

甲骨文并不是一种处于起源阶段的简单文字，无论从文字的形体结构还是史料证据上，都说明甲骨文是一种比较成熟的文字。在距今约6000年的西安半坡遗址出土的陶器上，有二三十种刻画符号，郭沫若和于省吾先生通过考证都认为其是汉字起源的简单文字。约距今五六千年的大汶口文化时期的文字，更被认为是处于发展阶段的早期文字，而且其形体与商周文字较为接近。因此，许多学者都认为，在甲骨文字出现之前，中国的汉字可能已经经历了两三千年的发展和演变。

甲骨文已经不是最初的简单符号，它是商代文明的标志之一，其发达与成熟在许多方面都有所表现。从已出土的甲骨文看，其句子的构成已经具备了现今汉语的表达方式的雏形。不仅甲骨文中的词句已经具备了后来汉语表意方式的基本特征，而且甲骨文中的单字也已经具备了后来汉字的主要特征。汉代许慎《说文解字》中提出包括象形、指事、会意、形声、转注、假借在内的"六书"，甲骨文字也已经大体具备了这"六书"所包括的内容。

从甲骨文中可以看出，商朝，人们对神的崇拜已经具有宗教意义。人们通过向神灵卜问来预测吉凶祸福，这在当时是非常流行的。甲骨文就记录了大量的占卜辞。

据研究发现，当时用于记录占卜辞的龟甲和牛胛骨是经过精心修饰的。在殷商时代，龟甲主要从南方进贡而来。据专家鉴定，出土于殷墟的龟甲多是取材于南方江淮、珠江流域的胶龟，其特大者则是产于我国近海的海龟。

学者们从一块已破译的甲骨上得知：商代武丁时期，一个雀地的诸侯一次向商王进贡"五百龟甲"。从其他甲骨文材料看，向殷王室进贡龟骨的人多为殷王之官或附属的方国之人。雀地的诸侯一次就送来500只龟，可见当

记日食卜骨·商

河南省安阳市殷墟出土
北京市中国国家博物馆藏
殷墟卜辞中有大量的日食资料。这件卜骨是研究商代天文历法情况的宝贵资料，早于巴比伦时代的可靠日食记录。

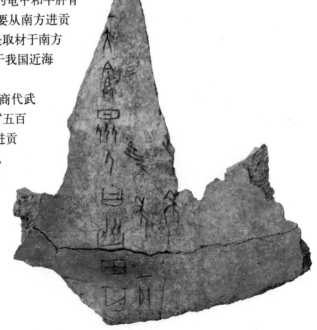

"众人协田"牛骨刻辞·商

河南省安阳市殷墟出土
北京市中国国家博物馆藏
这块卜骨上面有刻文："(王)大令众人曰：劦田，其受年？十一月。"即商王命令"众人"进行协田活动的记载。协田，一般认为是指在土地上进行集体耕作。

17

时殷王室储存的龟甲数量是十分庞大的。

当时的社会，畜牧业已很发达，可以提供大量的卜骨。1973年在安阳小屯发掘的 H99 是当时存放骨头的一个窖穴，里面存放着大量未经加工过的牛胛骨。可见，卜骨也是预先收集，以备随时取用的。

从发现的甲骨看，它们都有被锯、削、刮、磨的痕迹。卜甲一般是将乌龟的甲壳分成凸起的背甲和较平的腹甲两部分。连接背甲与腹甲左右两边的甲片，就叫甲桥，其位置在乌龟的前后足之间。在锯开上下甲时，甲桥留在腹甲上。腹甲、背甲都要经过一系列的整治。要除去鳞片、胶质等，背甲一般从中间剖开，并将中脊凸起部分锯去，在上面钻一孔。卜骨主要用牛肩胛骨，不分左右。其整治方法是将骨的顶端骨臼的圆形削磨成月牙形，以使骨臼与骨面平整。

甲骨经整治加工以后，还要经过钻凿才能用于占卜。钻凿是在甲骨的反面加工出窠槽，由呈椭圆形的凿和呈圆形的钻作用而成。钻和凿都只加工到距甲骨最薄的地方而不透过骨面。钻凿大致有三种：一是有钻无凿，二是有凿无钻，三是钻凿并用。

甲骨钻凿完毕，即已完成了占卜前的所有准备工作。当时的占卜内容是十分丰富的。

占卜的起始程序叫"灼龟"。钻凿的第一种和第三种，都是在钻处进行烘烤，这叫"灼"。第二种则在紧挨凿的左边或右边施灼，称"单灼"。在甲骨反面施灼之后，它的正面就会出现裂痕，直裂的兆纹称为"兆干"，横裂的称为"兆枝"。占卜者就是根据兆枝的走向来判断吉凶祸福。

在占卜结束之后，把所问之事刻写于卜兆旁边，这就是卜辞。卜辞刻在甲骨的正面和反面的均有，但前者居多，这以武丁时期甲骨文为多。有的卜辞正面刻不完，就在反面接着刻。早期甲骨文中多见这种正反两面相衔接的卜辞。

殷人契刻卜辞有一定的格式。一篇完整的卜辞可以分为前辞、命辞、占辞和验辞四部分。前辞，也叫叙辞或述辞，记述占卜的时间和占卜者。命辞，也称贞辞、问辞，即命龟之辞，是向龟陈述要卜问的事。占辞，即根据卜兆而判断吉凶。验辞，即将占卜之后应验的事补刻下来。

甲骨上的卜辞除契刻以外，还有朱砂或墨书写的卜辞，这种书写的卜辞字形特别粗大，比同一版面上的刻辞字形大得多。

"祭祀狩猎"涂朱牛骨刻辞·商

河南省安阳市殷墟出土
北京市中国国家博物馆藏
这是一块牛胛骨版记事刻辞。骨版正面刻辞4条，背面2条，共160余字，字内填朱。这片刻辞保存完整，对研究商代社会历史和天文气象价值甚高。

由甲骨文引出的殷墟遗址

继发现甲骨后，大规模的发掘工作随之而来，于是，一座标志古代文明的都市遗址——殷墟遗址被发现了。

殷墟是商代后期的王都所在地。河南安阳市西北 2.5 千米的小屯村是遗址的中心，洹水两岸的后岗、武官村、高楼庄、花园庄、孝民庄、侯家庄、四盘磨、大小司空村等十多个村庄都在遗址的范围内，总面积约 24 平方千米。

殷墟遗址从 1928 年开始共经历了 15 次发掘。抗日战争爆发后，发掘工作被迫停止。1949 年，殷墟的发掘继续进行，直到今天尚未间断。从遗址上看，小屯村是当时的王宫所在地。到目前为止，已发掘出 70 多处版筑房基，其中有大型宫殿和宗庙基址，也有小型居住址，都排列有序。在房基附近还发现有 700 多个大小深浅不同的窖穴，这些窖穴大都用来贮藏粮食、器具、甲骨，少数则作为居穴。在小屯村也发现有墓葬，它们集中分布在宗庙基址周围，多为人祭坑。另外，在遗址的东边曾发现包括有名的妇好墓在内的属于王室贵族的中型墓。

王陵区分布在洹水北岸的侯家庄和武官村一带。在这里共发现 13 座大墓和千余座小墓、排葬坑，其中赫赫有名的商王大墓就在武官村。据推测，大墓多半是王陵，小墓和排葬坑应

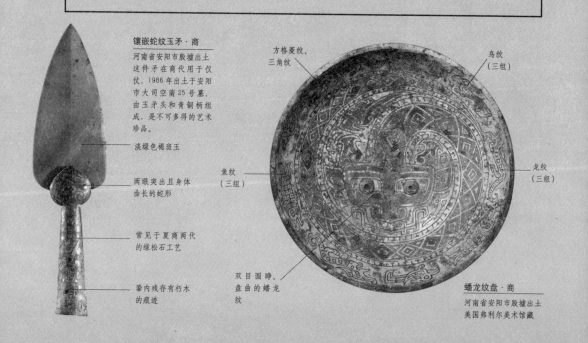

闻名世界的商代安阳型青铜器

镶嵌蛇纹玉矛·商
河南省安阳市殷墟出土
这件矛在商代用于仪仗，1986 年出土于安阳市大司空南 25 号墓，由玉矛头和青铜柄组成，是不可多得的艺术珍品。

淡绿色褐斑玉

两眼突出且身体曲长的蛇形

常见于夏商两代的绿松石工艺

銎内残存有柠木的痕迹

方格菱纹、三角纹

鸟纹（三组）

鱼纹（三组）

龙纹（三组）

双目圆睁、盘曲的蟠龙纹

蟠龙纹盘·商
河南省安阳市殷墟出土
美国弗利尔美术馆藏

该是附属于大墓的陪葬墓和人祭坑。

古代居民遗址和墓地在其他各村也有发现，但规模较之都略小，在小屯村东南的苗圃北地和小屯村西北的北辛庄分别发现了规模较大的铸铜和制骨作坊遗址。

殷墟是我国考古史上最早的、历时最长的、规模最大的考古发掘之地，所获实物资料也极为丰富，其中经科学发掘所得刻字甲骨将近3万片，青铜器多达几千件，以及不计其数的玉、石、骨、角、牙、蚌、陶等各类遗物。所有这些都是研究商代历史最珍贵的实物资料。

总之，甲骨文与殷都遗址是一个难得的文物宝库。甲骨文中还有许多内容没有破译，它们和许多历史问题联系在一起，形成一个个谜案。研究甲骨文字，将有利于揭开许多历史谜团。

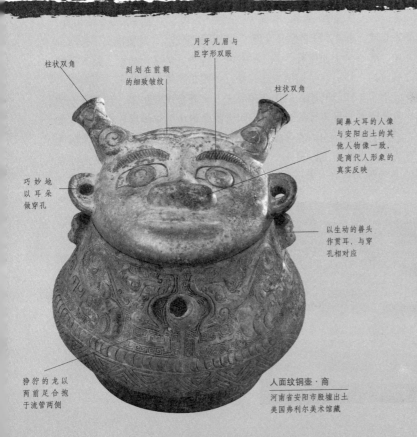

月牙儿眉与
臣字形双眼

柱状双角

刻划在前额
的细致皱纹

柱状双角

阔鼻大耳的人像
与安阳出土的其
他人物像一致，
是商代人形象的
真实反映

巧妙地
以耳朵
做穿孔

以生动的兽头
作贯耳，与穿
孔相对应

狰狞的龙以
两前足合抱
于流管两侧

人面纹铜壶·商
河南省安阳市殷墟出土
美国弗利尔美术馆藏

镶嵌龙纹玉戈·商
河南省安阳市殷墟出土
美国弗利尔美术馆藏
这件玉戈可以说是商代工艺品的集大成之作，长35.4厘米，由铜、玉、绿松石制成。玉戈表面刻兽面纹，柄由青铜铸成，镶有绿松石。绿松石嵌成兽面纹、龙纹、蕉叶纹，极尽华美。

湖北铜绿山矿冶遗址开始于何时

　　中国古代的矿冶技术许多曾在世界遥遥领先，而有关我国古代这方面技术的记载以明代科学家宋应星的《天工开物》记载得最为完备最为系统。不过，这本书也是仅限于作者个人的见闻和经历，所以里面的内容都很简略不可能全面反映我国古代在矿冶技术上的成就。事实际上，我国古代的矿冶技术的成就远远超出了我们现代人的想象，近二三十年来的考古发掘就证明了这一点。

　　在距离湖北大冶县城3千米的铜绿山上发现了一处2000年前的古铜矿遗址，相当于我国春秋末至战国初期。铜绿山，据《大冶县志》记载，"山顶高平，巨石对峙，每骤雨过时，有铜绿如雪花小豆点缀土石上，故名。"其奇特的地貌和遍地盛开的莹蓝色铜墙铁壁草吸引着历代矿工来这里开发铜矿资源。铜绿山古铜矿遗址是迄今为止已经发掘的古铜矿中生产时间最长、规模最大的一个。

　　在这个遗址中，考古工作者发掘出大量用来支护井壁的圆木、采矿用的铜斧、铜锛、铜凿、木槌、木铲、铁锤、铁锄以及运载工具藤篓、木钩、麻绳等，另外还发现了少量陶罐等生活用具。

　　在距离开采地不远的东北坡，考古工作者们又发现了古代炼铜遗址。"共发掘出了外形、结构基本相同的炼铜炉九座，炼铜炉上还设有炉基、炉缸和工作台。炉基用沙石、黏土等细细夯筑而成，台基内还设有风沟；炉缸在发掘出来的时候已经残破不堪，据鉴定，为高岭土等耐火材料筑成；而炉身经历千年都已坍塌；工作台用黏土、矿石垒筑在炉侧，台面高于炉缸底部。"在这些炼铜炉内残留着数量不等的炉渣，而附近的渣坑中的炉渣堆积竟高达1米多，据有关专家粗略估计，此矿区遗存的炉渣至少在四十万吨以上！对这些炼渣中的含铜量进行测验的结果更是让有关专家大跌眼镜！因为在三号炉西侧发掘出的粗铜其含铜量为百分之九十三以上，而炉渣的含铜量仅为百分之零点七！对大冶湖边出土的铜锭进行铜含量测定，竟为百分之九十一点八六！在距今2000年前的古代，提炼铜的技术已发展到如此高超的地步！

　　在我国春秋战国时期开采冶炼技术已如此发达，说明我国古代劳动人民对金属的认识更为久远。事实也是如此，古代奇书《山海经》就

铜绿山铜矿竖井

湖北省大冶市铜绿山出土
上方的是平巷，用来运输，图中的木架结构是当时采矿用的矿井支架。下方形或圆形的木支护井口，是竖井的井口。仅此11号矿体，就清理出炼炉八座，整个矿区的炉渣，更超过40万吨，可炼出红铜10万吨。

铜绿山外景
湖北省大冶市

已经比较详细地记载了战国以前矿业开发的情况，书中曾经明确提出当时的产矿地有一百六十七处，其中有铜矿五十二处。春秋战国时期进一步发展，其规模不断扩大，如《管子·地数》记载道："凡天下名山五千二百七十二，出铜之山四百六十七山"。从这两组数据中，我们可以真切地看出这时矿冶业发展得多么迅速！

江西瑞昌铜岭古铜矿遗址是我国迄今为止发现的年代最早的采矿遗址。在这之前，人们一直认为西周晚期开始出现冶铜业，而瑞昌古铜矿遗址的发现反我国采铜历史往前推进了数百年。

瑞昌古铜矿遗址面积约一平方公里，采矿区约有二十多立方米。发掘出竖井五十三口，平巷六条，斜巷三条，露采坑一处，木溜槽一处。由于这个采矿遗址开采的时间比较长，所以经历了好几个时期，所幸的是其地层迭压关系清晰，出土的遗物比较多，对其中的一件木制滑车进行测定，结果为商代中期的遗物，从而有力地证明了早在商代我国已经有了较发达的采矿业。除此之外，遗物中还有"陶制的鬲、罐、豆、盆、纺轮等；木制的滑车、锨、铲、水槽、瓢等；竹制的筐、盘、箕等；铜制的斧、凿、锛等"。

其中出土的木溜槽也同样改写了我国冶炼技术的历史。这个木溜槽长三点五米，据有关专家鉴定，为分节水冲法选矿用的一种原始装置。而这种分节选矿法人们一直以为产生于宋代，在这之前文献资料中并没有记载。瑞昌铜岭选矿槽的发现，把我国的这种选矿技术往前推了两千年！

迄今为止，就目前的考古发现来看，我国铜的开采与冶炼技术最早出现在商代，那么，以后还会有新的考古发现能推翻这个结论吗？由于考古本身的随机性，谁也不能保证。

我国人工冶铁开始于什么时候也同样是一个悬而未决的问题。地质学家章鸿钊认为是在春秋战国之间；历史学家范文澜力主东周时期已经有了铁器，并从古体铁字的一种写法推猜东方的夷族最早掌握了炼铁技术；而另一历史学家李亚农则认为早在西周就已经有铁器了，赞成这一观点的还有郭沫若先生。

值得一提的是，在驰名中外的北京周口店龙骨山山顶洞人的遗迹中，考古工作者发现了一串串最原始的项链，这些项链是用红线把一颗颗青鱼上眼骨穿起来由此制作而成的。让人奇异的是，线之所以是红色，那是因为线是用赤铁矿粉染成的！在十多万年前，人类就早已懂得利用金属铁锈作"染料"，这究竟是偶然的利用，还是有过金属铁制品呢？

放眼世界，人类掌握冶炼技术的年代就更扑朔迷离。据说，在俄罗斯的瓦什卡河岸上发现了一块稀有金属的人造合金，年代为距今十万年前！在秘鲁高原考古学家发现了一件铂制装饰品，要知道，熔化铂必须要有 1800℃ 的高温熔炉！

这些现象该如何解释呢？有志于此的人可以去进一步探索。

中国考古未解之谜

23

长城的两端到底在什么地方

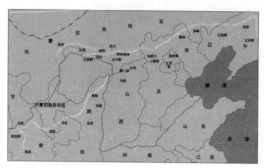

长城示意图

长城是中华文化的瑰宝、人类文化的财富。"不到长城非好汉"这句话更是每个中国人耳熟能详的名言。现在长城不但是中国人心中的圣地，而且世界各地的人也对它敬仰不已，只要提到中国，便会想起中国的万里长城，只要来到中国，就一定要去万里长城。中国的长城号称万里，实是当之无愧，并无疑义，但长城的两端到底在什么地方却有着不同的说法。因为长城的修筑前后历经二千多年、很多长城并不是绵延不绝连在一起，以及早期修筑的颇多损坏，以致对长城两端所在地的认识出现了不同的意见。

第一种说法是据《史记·蒙恬列传》载："秦已并天下，乃使蒙恬将三十万众北逐戎狄，收河南（今内蒙古河套以南），筑长城，因地形，用险制塞，起临洮，至

司马台长城·明
北京市怀柔区

山海关·明

河北省秦皇岛市
山海关是明长城的最东头，
素有"天下第一关"的称号。

劳边使者过境中费册·西汉

长23厘米，宽1厘米
甘肃省居延肩水金关出土
册用红柳木削成，两道麻绳联系的
九枚木简分为上下两栏，以隶书记
载了上级官府派去长城附近边境地
区慰问吏卒的使者所食用的费用。

辽东，延袤万余里。"这句话表明了秦始皇修建长城的两端，即临洮和辽东。秦始皇修的长城其实包括三段，东段起于现在内蒙古德化县内，向东基本上是沿着今内蒙古和河北交界处蜿蜒东行的。进入辽宁以后，折向东南，一直延伸到朝鲜境内的平壤大同江北岸。其终点即是所谓的"辽东"。秦始皇长城的中段，从东至西由内蒙古兴和县，北依阴山，南靠黄河河套，西抵乌兰布和沙漠北缘。西段长城，经考察西起甘肃省岷县，循洮河东岸向北至临洮县、兰州，再东折至榆中县。

专家认为今天的岷县就是秦朝时期的临洮县，是秦万里长城的西边起点。现在其遗址旁树立着一块碑，写的却是"战国秦长城遗址"，原来在春秋战国时期各诸侯国都修过长城，秦国也不例外。这一段从临洮起点的长城就是秦昭王时修建的，后来秦始皇加以修缮。可惜的是，经过时间的侵蚀，我们很难相信西起临洮的这一段长城是否存在过，因为几乎看不到绵延于山川田野的城墙。为了探访秦朝是不是在这修过长城，有人几十年来走遍这里的每一个角落，寻找昔日的长城，并且找到了很多秦代遗物，不过这并不能证明修长城之说，因为这一带本来就是秦朝活动区域，找到一些秦遗物并不能说明问题。

第二种说法是万里长城东端到辽东，西端为现在新疆罗布泊地区。此种说法是基于汉代所修筑的长城之上的。汉朝时期，北方游牧民族匈奴强大起来，不断在汉朝边境滋事，为此，汉高祖刘邦亲征匈奴，但却以惨败结束，被围困了七天七夜，后来用谋士陈平的策略，才得以逃脱。在匈奴威胁下，汉初国力衰弱，只得年年给匈奴交纳大量贡品，以求平安，但边境的骚乱并没有完全停止。经过汉初几代皇帝的休养生息政策后，汉武帝时国力空前强盛。于是汉王朝不再唯唯诺诺，而是主动出击，派遣大将卫青、霍去病等率军多次给予匈奴巨大的打击。经过一系列战争，打通了甘肃经河西走廊到新疆罗布泊的交通要道，并使西域各王国臣服于汉朝的统治。

甘肃汉烽火台·西汉
甘肃省敦煌市

持戟骑士俑·东汉
高54厘米，长33.5厘米，宽10厘米
甘肃省武威市雷台汉墓出土
这是守卫汉长城的骑兵的形象。同墓出土的有举世闻名的"马踏飞燕"。

汉武帝在军事进攻的同时，还着手另一项工作即是大规模修筑长城。汉武帝有四次大规模的修筑，第一次在公元前127年，在击溃盘踞在此地的匈奴后，将防御匈奴的北方边界推进到今内蒙古阴山南麓的原秦始皇长城一线。第二次在公元前121年，夺得被匈奴占据的河西走廊，而后几年修筑了由今甘肃省永登县至酒泉的长城，东面与秦始皇所修长城相接。第三次在公元前111年，用了两年时间，修筑了酒泉至玉门关段的长城。最后一次修筑长城是在公元前104年到公元前101年，修了玉门关至新疆罗布泊段的长城。

那么，长城的西端是否应该认为是在罗布泊呢？汉代在河西走廊到罗布泊的这段长城和我们一般概念中的长城不同，只有相隔的城墩、烽火台，而它们之间缺少相连接的城墙。不过其功能却是相同的——驻防，互相通报敌情。如果不认为是长城，那么这条千里屏障又如何称呼。

第三种说法是长城分别是东到山海关，西到甘肃的嘉峪关。这两座雄关修建得气势磅礴，至今保存完好，又经过多次修复，一东一西相互对峙，所以被认为是万里长城的两端。此说其实是明长城的两端。明代是最后一个大规模修筑长城的朝代，在其统治的200多年中几乎从没停止过长城的修建，因为明朝有着更为严重的边患。在周边众多实力强大的政权的压力下，明朝为求得安宁与和平，只得年年用大笔银子在崇山峻岭中铺就一条坚固的防线。朱元璋占领北京，推翻元朝的统治，建立明政权。此时的元政权并没有被消灭，而是退出了北京，回撤到今长城以北，仍有东至呼伦贝尔湖，西至天山，北抵额尔齐斯河及叶尼塞河上游，南到现在长城一线的广阔地域。而且元政权的统治者并没有完全死心，而是时时不忘收复失地，重主中原。在陕西、甘肃、辽东都有不服从明政权的规模庞大的军事政权，时刻让明朝统治者寝食难安。明代中后期，北方女真族政权兴起，更是成为明朝廷的心腹大患，这时修建长城的工程也更为浩大。

还有人认为万里长城的东端并不是山海关，而是辽东鸭绿江畔。只是因由山海关到辽东一线修筑比较简陋，到现在基本被损坏，所以认为万里长城是明代修筑得比较精良的嘉峪关与山海关之间一段，其两端是这两座雄关。

万里长城的两端到底在什么地方，以什么时候的为标准来定，众说纷纭，至今尚无定论。

长城卫兵腰牌·明

长 5.2 厘米，宽 6.7 厘米
甘肃省嘉峪关市出土
嘉峪关是明代疆域的最西端，同时也是长城的最西端。这副腰牌是明代守卫长城的士兵的身份证明。

金山岭长城·明
北京市怀柔区

阿房宫 真的是项羽烧的吗

　　史书记载，西楚霸王项羽进入咸阳后，看到如此奢华的秦朝暴君享乐之所，心中大怒，一把火烧了阿房宫。从此人们一直认为阿房宫是项羽烧的。但现在不断有人指出，项羽烧的是秦始皇在咸阳的宫室建筑，而不是阿房宫。项羽究竟有没有烧阿房宫呢，如果没有烧过，那规模宏大的阿房宫又到哪里去了，为何消失了呢？

　　唐代著名诗人杜牧在《阿房宫赋》对阿房宫有着脍炙人口的描写："覆压三百余里，隔离天日。骊山北构而西折，直走咸阳。二川溶溶，流入宫墙。五步一楼，十步一阁；廊腰缦回，檐牙高啄；各抱地势，钩心斗角。"这时候，其实杜牧见到的也只是阿房宫的残垣断壁，但我们仍可想象阿房宫宏伟的气势！《史记·秦始皇本纪》这样形容当时的阿房宫："前殿阿房东西五百步，南北五十丈，上可以坐万人，下可以建五丈旗，周驰为阁道，自殿下直抵南山，表南山之巅以为阙，为复道，自阿房渡渭，属之咸阳。"今阿房村南附近，有一座大土台基，周长约310米，高约20米，全用夯土筑起，当地人称为"始皇上天台"。阿房村西南附近，夯土不断，形成长方形台地，面积约26万平方米，当地称为"眉坞岭"。这两处地方是阿房宫遗址内最显著的建筑遗迹。

　　为何建造阿房宫，其名字含义还有众多说法，传说中秦王嬴政爱上过一个美丽的民间女子，芳名阿房，但这段美丽的爱情终究没有换来美丽的结局，为了纪念这位他深爱过的女子，秦始皇不惜耗费巨大的人力物力修建了极度奢华的阿房宫。

　　根据近年来的考古发现，专家认为，历史上有关项羽放火焚烧阿房宫的记载是不准确的。据考古队介绍，一年时间里，考古人员勘探的面积超过20万平方米，发掘面积也有1000平方米，但是发现的红烧土只有少量的几块。如果说是大面积的火烧三个月（此为史料所载）的话，红烧土应该遍地都是。除了红烧土外，还应有大量草木灰。

项羽像

那么史书上记载的项羽烧的是什么宫殿呢？有人认为："项羽火烧的是秦咸阳宫。"而关于项羽火烧阿房宫、大火三月不灭的说法，秦汉时期的文献资料没有这样的记载，可能是对古文献的错误理解。他们说，《史记·项羽本纪》中记录的项羽在咸阳屠杀民众，"烧秦宫室，大火三月不灭"。这里所说火烧秦朝宫室的地点在咸阳。《史记》中其他各篇更明确地说火烧秦朝宫殿的地点是咸阳。《高祖本纪》说项羽"屠烧咸阳秦宫室"，《秦始皇本纪》也说项羽"遂屠咸阳，烧其宫室"。咸阳是秦朝首都，所烧毁的也是首都宫殿，根本不是秦朝时地处渭水之南的上林苑中的阿房宫。这从后来的考古发掘中得到证实，秦咸阳宫遗址曾发现大片的红烧土遗迹。

阿房宫并非毁于大火，那么到底毁于什么？

有人说，阿房宫其实并没有想象的庞大，它是个未完成的工程，虽然秦始皇有意把它修建为庞大的宫殿群，但他还未来得及修好就死了。考古人员在一年多的前殿遗址勘探过程中，没有发现一枚当时建房普遍使用的秦代瓦当及其碎片。这说明当时阿房宫主体建筑没有封顶，他们分析说，"阿房宫可能是基础打好了，但宫殿没有完全盖好"。当时修建阿房宫不到一年多，秦始皇就死了，劳动力被拉去修秦陵墓，陵墓没修完，秦二世就垮台了，阿房宫的活也就没完工。这次考古发掘没有找到封顶的东西也是一个佐证。既然阿房宫只是个宏大的规划，基本上没有建造，那么阿房宫不见了就很好解释了，不存在被毁的问题。

不过大多数人认为，阿房宫即使可能没完成，但必定已经初具规模，有众多的建筑了。至于这些建筑如果不是被项羽烧的，那么如何毁坏这一问题仍是个千古谜，有待将来破解。

阿房宫图卷·明

长 252 厘米，宽 42 厘米
此图所绘依山殿阁，傍水楼台，山水相连，花木并茂，并有龙舟、游艇、宫人等点缀，生动再现了阿房宫的宏伟与壮丽。

秦代阿房宫遗址
陕西省咸阳市

秦始皇陵兵马俑之谜

秦始皇陵外景　陕西省西安市临潼区骊山

秦始皇即位后就开始在骊山营建陵墓，历时37年。骊山陵墓仿照都城皇宫的布局建成。在春秋战国时代，各诸侯国的国君陵墓开始出现高大的封冢，以显示墓主人的地位，并种植各种树木，树木的品种和数量也是身份的象征。

探索兵马俑坑

　　1974年3月，在陕西省临潼县（今西安市临潼区）秦始皇陵东面3里的西杨村，几位农民在奋力打井的时候发现了一个陶制人头。农民们十分泄气，因为据说挖井挖到人头是一件很不吉利的事。于是，他们悄悄把人头埋好，又换了个地方继续挖井。可是，没想到同样的情况又发生了，这次他们挖出许多陶制的身体和手。农民们感觉蹊跷，于是他们迅速地报告了有关部门。有关部门立即派考古工作者展开钻探和发掘工作。当地表层被掘开时，神话般的奇迹就展现在人们面前。在5米多深的深坑内站满了身披铠甲、手持兵器威武健壮的武士俑和拖拉木制马车的陶马俑。这就是举世震惊的一号兵马俑。1976年6月，第二号和第三号兵马俑坑又相继在一号俑坑的北侧20米处被发现。

秦始皇像

　　秦始皇兵马俑共分3个坑，每个坑都是独立的一组建筑。这些建筑都是通过在地下挖坑的形式修建而成。

　　一号坑为步兵、车兵混合编组，坑四周是回廊，东西两端是守卫军队，南北两侧则排阵设防，中间9个过洞里，每个过洞四纵队组合，兵车相间，构成主体。二号坑在一号坑东端北侧20米的地方，总面积约6000平方米，为步兵、车兵、骑兵混合编组。该坑平面布局较为复杂，分东、西两区。东区即"曲天"之首，东西长26.6米，南北宽38米，面积约1050平方米。东西两端各有一南北向长廊，中间是东西向过洞6条，洞、廊相通。全区陶俑分为跪射武士俑和步兵武士俑，这些武士俑均面向东方。西区共有14条过洞，其兵种主要是车兵和骑兵。三号坑位于一号坑西端北侧25米处，呈"凹"字形，东西长17.6米，南北宽21.4米，深5米左右，面积约520平方米。坑内有一辆绘满彩图的战车，车后有4件陶俑。正中两件，前为铠甲武士俑，后为武官俑。三号坑出土陶俑68件，地位十分重要，是秦俑坑的统帅部。

绝妙的陶塑艺术

那么，这些威武雄壮、栩栩如生的兵马俑究竟是怎样造出来的呢？这里还有一个传说呢。

据说，虽然拥有一个宏伟壮观、巨宝无数的陵墓，但秦始皇仍不满意。他向丞相李斯降旨，让李斯征集4000对童男童女准备为他殉葬。李斯想：营造陵墓、修筑长城已是民怨沸天了，如若再征发4000对童男童女以备殉葬，岂不是等于火上浇油。到那时百姓万一起兵造反，秦朝江山覆灭了不说，自己也难逃一死。想来想去，他想出了一个好办法。于是，他赶紧上奏秦始皇说："启奏皇帝陛下，臣李斯冒死直言，征人殉葬，必将引起骚动，不如以陶人陶马殉葬，以壮皇帝盛威。"秦始皇听了十分高兴，让李斯立即征集能工巧匠到咸阳烧制陶俑。

兵俑阵·秦
陕西省西安市临潼区秦兵马俑出土

那么，这些陶俑和陶马是如何制作出来的呢？从目前发掘的兵马俑来看，其制作方法是先制造出不同的模具，然后利用模具分别制造出不同的陶俑，再烧制而成。陶俑的头与身躯的连接部和俑臂与肩部的连接部有明显的接痕，这说明这些部分是先单独制作出来的，然后，在烧制前，用泥条把各部分连成一个完整的陶俑，最后才进行烧制。足踏板是用单模制成，再粘接在陶俑脚下。俑的头、躯干、手臂中空，而脚、腿、手却是实心的。这说明当时制作时是自下而上，先做脚和腿，再用合模法制造躯干，最后再把各部分连接起来。最后，等胎干后，装窑火烧，出窑上彩。

中国考古未解之谜

陶马的制作比陶俑更为复杂细致，工艺水平更高。其制作方法是，先分别做出马的腿、躯干、头、颈、尾等，然后再把各部分套合粘接。连接后，再在初胎上涂一层细泥，雕塑刻画筋腱、肉褶纹、毛丝纹及马饰等。然后通体涂细泥一层，并打磨圆润光滑。

秦俑的造型，运用了模、塑、捏、堆、贴、刻、画等7种传统的泥塑技法，把体、量、形、神、色、质等基本要素表现得淋漓尽致。秦俑不仅体态丰盈、生动逼真，而且其身上各部位都涂上了不同的色彩，显得更加活灵活现、栩栩如生。因此，有人称秦俑艺术是"三分雕塑，七分彩绘"。

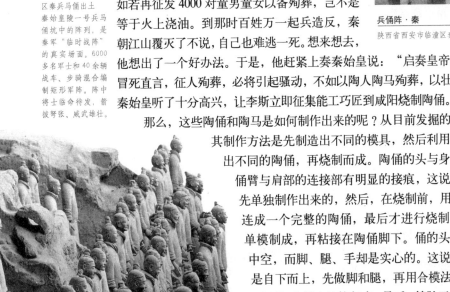

兵马俑阵·秦
陕西省西安市临潼区秦兵马俑出土秦始皇陵一号兵马俑坑中的阵列，是秦军"临时战阵"的真实场面。6000多名军士和40余辆战车、步骑混合编制矩形军阵。阵中将士临命待发，箭拔弩张、威武雄壮。

31

享誉世界的伟大奇迹

众所周知，世界上有七大奇迹，它们分别是埃及金字塔、巴比伦空中花园、土耳其月亮女神庙、奥林匹克宙斯神像、罗德岛太阳神巨像、小亚细亚摩孛拉斯国王陵墓、埃及亚历山大灯塔。不过，除了埃及金字塔外，这些古迹都因地震、火山和战争的破坏而永远地消失了。然而，当历史巨轮驶入 20 世纪后，世界上突然出现"第八大奇迹"，它就是已享誉全球的秦始皇兵马俑。

1974 年春，陕西临潼发现秦兵马俑的消息一夜间传遍世界各地。不久，《美国国家地理》杂志便以《神奇的兵马俑》为题向世界各国介绍了秦兵马俑的情况。1976 年 5 月，新加坡总理李光耀来到秦俑坑，他是第一个以外国国家元首的身份来参观兵马俑的。李光耀参观后，激动地说："这是世界的奇迹，民族的骄傲。"第一个提出秦兵马俑是世界第八大奇迹的说法的是法国前总理·现任总统希拉克。1978 年他参观秦兵马俑后，说："世界上原有七大奇迹，秦俑的发现可以说是第八大奇迹。不看金字塔不算真正到过埃及，不看秦俑不算真正到过中国。"1980 年 9 月，新华社记者王光麟在《新民晚报》上发表了一篇题名为《参观世界第八大奇迹——秦始皇兵马俑博物馆巡礼》的文章。这是秦兵马俑第一次以"世界第八大奇迹"的称号出现在报纸上。

随着兵马俑在世界范围内的声誉越来越高，秦俑开始走出国门。在短短几年时间里，它们先后到过十几个国家的 40 多个城市去参加展出。据统计，在展出期间，参观秦俑的观众共达到 1000 多万人次。每到一处，都会引起该地区的轰动。

秦始皇陵兵马俑一号坑全景

陕西省西安市临潼区 40 多乘战车和 6000 余名军士按进可攻、退可守、随机应变的原则组成的高效常用的矩形军阵，首次让我们目睹了秦军威武雄壮的非凡风采。

兵马俑的真正主人是谁

堪称"世界第八大奇迹"的秦朝兵马俑，自1974年重现天日以一直深深吸引着世界无数的专家学者慕名而来。人们无不为其宏气势、精湛的陶制技术所折服。

那么，如此气势磅礴的兵马俑的主人是谁？修建如此大规模的兵马俑坑其目的究竟是什么呢？

一直以来，人们坚信这兵马俑的主人不容置疑，就是历史上赫赫有名的秦始皇。因为只有秦始皇才能有如此魄力修造这么大规模的兵马俑，也只有雄才大略的秦始皇才配得上建造这么气势非凡的兵马俑！

确实，作为中国第一位统一全国的封建帝王，其杰出的政治才能与军事才能是无与伦比的。所以，不少人认为，统一全国后，为了表彰军功，宣扬其统一大业，秦始皇就下令建造了这些兵马俑，并使之面向东方，"以示秦始皇坐西向东，吞并六国，统一全国的决心和气魄"。不过，也有人认为兵马俑是秦始皇为自己建造的陵园建筑结构的一个组成部分，象征着驻扎在京城内外的军队。不过，还有人认为秦兵马俑坑并不是秦始皇的陪葬坑，不属于陵园的组成部分，它仅仅是一种具有纪念碑性质的建筑物。其目的也是为了显示皇威，宣扬战功。

以上观点虽有差异，但都是基于一点，那就是承认兵马俑的主人就是秦始皇。事实真是如此吗？史书上对秦始皇统一全国后的一举一动，包括收缴兵器，统一文字，修筑长城、建造陵墓等等都记得一清二楚，奇怪的是唯独对其建造兵马俑坑只字不提。这是否有悖于常理？

有人于是大胆提出，秦兵马俑的主人并非秦始皇。据考证那人就是秦始皇的祖母宣太后。宣太后曾经参与过秦国的朝政，权力很大。因为她是楚国人，所以她死后，他的儿子秦昭王就命人塑造了这些兵马俑，象征着护送队，护送宣太后重返故乡。这种看法也不是妄加揣测的，理由如下：

其一，秦兵马俑坑位于咸阳（今陕西西安）以东，面向东方。宣太后的故乡是东方的楚国。所以如果真是宣太后的护送队，那朝向的方向应该是正确的。

其二，据有关专家研究，秦兵马俑根本不具战斗力！兵马俑坑虽然阵容强大，有马也有车，但其列队方式与战

跪射俑·秦（陕西省西安市临潼区出土）

通过革新与变法，秦国建立了比东方六国更为先进和成熟的政治制度，国家经济实力日益壮大。同时秦还建立起一支强大的常备军，这支常备军的战斗力远在其他六国之上，为秦统一东方六国奠定了强大的物质基础。

兵俑阵·秦
陕西省西安市临潼区出土

更多资源扫码获取

国时期的作战方式不符。据考证，在已发现的三个俑坑中，一号俑坑为右军，二号俑坑为左军，三号俑坑为指挥部，却唯独缺少最重要的中军。一直以来，人们是这样解释的，四号坑也许就是拟议中的中军，之所以没有建成，是因为这时爆发了历史上著名的秦末农民起义，大部分修建陵墓的刑徒都被调去镇压起义军了，后来随着秦的覆亡，这项工程也就不了了之。如果兵马俑坑是宣太后的，问题就迎刃而解了。既然不是作战用的，当然就没有必要存在中军了。

其三，秦始皇统一全国后，为让天下人手无寸铁，无法发动叛乱，曾收缴天下的兵器。这些兵器中很大部分都是铁制的。奇怪的是，兵马俑中发掘出来的兵器全是青铜器。以前只是认为既然兵马俑只是象征性的，就没有必要使用正式的新式武器，用已淘汰的青铜器就足够了。可是，我们想想，按秦始皇的个性，他会愿意屈就吗？但如果是宣太后的护葬队，问题就另当别论了。宣太后死时铁制兵器比较少见，那时还普遍使用着青铜武器，既然并非打仗，使用青铜器又有何不可？再说，即使有，那也是非常珍贵的，当时正值用兵之际，怎么可能大量花费在这里呢？

其四，第三号坑内，也是三个坑中地位最重要的一个坑内，有鹿角及动物朽

代表地位的冠帽

皱纹深陷、胡须已长的中年将军

俑群·秦（右图）
陕西省西安市临潼区秦兵马俑二号坑出土

身高达到196厘米

身披鱼鳞铠甲

已被火烧去的、仅残存少量的彩绘

双重长襦

将军陶俑·秦（左图）
陕西省西安市临潼区出土
此俑身材高大魁梧，面容坚毅稳重，形神俱备地展现出韬略满腹的大将风度。

足蹬钩履，立于长方形方板上

骨一堆。以前认为"这是古代打仗前举行祭祀天地和祖先的仪式时遗留的迹象。是为祈求神灵保佑，并进行鼓动性誓师，称之为'祷战'"。也许这根本就不是什么"祷战"，而是一个普通的殡葬仪式呢。

其五，前面已提及，关于秦始皇建造兵马俑，史书上没有任何记载，这也就反证了秦兵马俑的主人是宣太后而非秦始皇。即使不是宣太后的，至少也不能说是秦始皇的。

秦兵马俑的主人究竟是谁？秦始皇，宣太后，还是另有其人？谁也说不清楚。不过，在3个坑中，二号坑正在发掘中，在这过程中能否发现新的证据，我们拭目以待。

陶马·秦
陕西省西安市临潼区出土

谁焚烧了秦兵马俑

秦兵马俑距秦始皇陵1000多米；共有3个坑，总面积达2万多平方米。在一号坑北侧约20米处，还发现了一个未建成的兵马俑坑，即四号坑，有学者猜测它可能是计划内要修的后勤部队俑坑，但也有人认为是象征中军的兵马俑坑。至于为什么突然停建，则很可能是秦末农民起义扰乱了修建计划。

可以看出，原来这些兵马俑是整齐有序地排列着的，但是，一号坑和二号坑的考古发掘现场却是一片残破的景象，一号坑的全部和二号坑的一部分有明显的因火焚烧而塌陷的痕迹。里面的兵马俑有的东倒西歪，有的身首异处，有的头破腹裂，有的臂断腿折。陶俑、陶马身上的彩绘经火焚烧后大都脱落，而坑上面架设的棚木、芦席、顶梁木等也都成了灰烬或者焦炭，坑周围到处是经过大火焚烧而成的赤红色的红烧土。如此景象不能不让人产生疑问，是谁焚烧了秦兵马俑坑呢？又是为什么要焚烧它呢？

对于这个难题，最流行的是"项羽、牧童焚毁说"。据《汉书》转引刘向的疏文："秦始皇帝葬于骊山之阿……天下苦其役而反之，骊山之作未成，而周章百万之师至其下矣。项籍燔其宫宇，往者咸见发掘。其后牧儿亡羊，羊入其凿，牧者持火照求羊，失火烧其臧椁。"其他史籍中也有不

彩绘陶俑·秦
陕西省西安市临潼区秦兵马俑二号坑出土
彩绘陶俑因大火的焚烧失去了原来的色泽，大部分彩绘脱落。

少类似的记载。所以，不少学者认为秦兵马俑就是项羽和牧童烧的。但是，也有人反对此说。他们认为，刘向之所以这样写，是为了谏阻汉成帝营建奢华的陵墓，这是一种援古讽今的方式，并不一定就是事实。何况，细细品味此文可以发现，文中仅提到项羽、牧童焚烧秦始皇的陵墓而并没有明确提出焚烧的就是秦兵马俑。事实上，纵观全文，刘向只字未提兵马俑。

由于在三号坑中发现有一堆动物骨骼朽迹和一段残缺不全的鹿角，说明了在秦代卜战仪式依然存在。再以古代丧葬制度和民俗学的资料为据，有人提出，秦兵马俑的火不是别人而正是秦人在陵墓建成之后自己放的。在古代以及一些少数民族的丧葬礼仪中，放一把火来烧毁祭葬物品和墓前某些建筑物是一种很常见的风俗，认为只有这样，死者才能够在阴间继续享受。不过，这种说法也有说不过去的地方。既然要烧，为什么只烧一号坑和二号坑而独有三号坑幸免于难？就算是秦人自己放火烧的，那么从建成到焚烧的间隔时间应该不会太久，

可奇怪的是，根据现场考古发掘来看，俑坑底下普遍都有二三十厘米厚的淤泥，这种淤泥层绝非是短时间内就能够积累出来的。这也说明了在秦朝灭亡之前兵马俑是安然无恙的。所以，这种"葬礼仪式自焚说"也是站不住脚的。

那么，秦兵马俑到底是怎么起火的，或者说究竟是被谁焚毁的？要解答这个难题，只能靠进一步的探索。

战车遗迹·秦

陕西省西安市临潼区秦兵马俑一号坑出土
近景处的战车遗迹可以清晰地看出大火烧后的草木灰痕迹。这让后人对当日的大火产生了无限遐想。

牵马陶俑·秦

通高186厘米
陕西省西安市临潼区秦兵马俑二号坑出土
从陶俑历尽沧桑的面部可以看出当时彩绘的层次与色泽。但大火已使他的面部斑斑驳驳。

37

彩绘车马·秦

陕西省西安市临潼区出土

这是秦代的车辆实物，定名为秦始皇陵一号车，是一辆立乘驷车，俗称"立车"或"高车"。车前驾有四匹骏马，单辕、双轮，长方形的舆上插有高柄的伞盖，伞下站立一御官俑。车上装备有弩、矢箙、盾等各式各样的兵器。御官俑头戴鹖冠，身着长襦，束腰佩剑，足蹬尖履，双臂平举，手握辔绳，神态严肃恭谨。

彩绘车马·秦

陕西省西安市临潼区出土

这是秦始皇陵出土的另外一辆车，定名为秦始皇陵 2 号车，是研究古代车制最为重要的宝贵资料之一。它的制造工艺复杂精细，据统计，由 3462 个部件组成。一些车部件上有朱画或刻写的文字。此车前驾四马、双轮，长方形舆后有箱，顶上有椭圆形车盖。四马及装饰舆一号车相同。御官踞坐在车舆前室，头戴鹖冠，身着长襦，手执辔绳，神态严肃恭谨。

兵马俑众生之像

敦煌莫高窟之谜

敦煌莫高窟

敦煌莫高窟的发展历程

敦煌坐落在甘肃河西走廊的西端、党河的绿洲上，是中国西部的一座边陲小城。汉武帝元狩二年（前121），汉朝在那里设置了武威、酒泉二郡，酒泉郡下辖敦煌地区。10年后的汉武帝元鼎六年（前111），汉朝又在此增设了张掖、敦煌二郡，这就是所谓的"河西四郡"。

前秦建元二年(366)对敦煌来说是一个具有特殊意义的年代。据史志记载，敦煌的第一个石窟就开凿在这一年，其建造者是一个名叫乐僔的和尚。乐僔和尚师徒四人来到敦煌城东南的三危山下时，看见了三危山上的奇景：夕阳照耀下，山峰发出灿灿金光，在乐僔的幻觉中，仿佛有千万个佛在金光中显现。虔诚的乐僔在三危山下顶礼膜拜，并立志要建造佛窟。

他四处化缘，请来了一批工匠，在这沙漠的绿洲上开始了建造石窟的工程。

隋唐时期，敦煌莫高窟进入了全盛时代。隋王朝虽然在中国历史上的统治时间只有38年，但保留到现在的佛窟却有110个之多。在莫高窟现存的492个洞窟中，有一半以上建于唐代。安史之乱后，吐蕃乘机侵占河西走廊地区，统治敦煌长达70年。吐蕃也是一个信仰佛教的民族，莫高窟不仅没有因为统治者的改换而遭破坏，还增添了许多具有吐蕃风情的新窟。公元9世纪中叶，唐朝收复了河西走廊的东部。公元858年，敦煌世族张议潮领导河西走廊西部的人民起义，推翻了吐蕃贵族的统治，收复了敦煌及其附近地区，并遣使向唐报捷。不久，唐宣宗任命张议潮为归义军节度使，统领河西十一州之地。唐朝灭亡后，中国进入了五代时期。后唐同光元年(923)，后唐政府任命曹义金担任归义军节度使。中原地区虽然动荡不安、军阀割据，但河西走廊地区在曹氏家族的治理下，却呈现出一片繁荣昌盛的景象，莫高窟的佛洞也在持续地开凿着。

西夏王供养像·西夏

（敦煌莫高窟第409窟）党项族建立的西夏王朝也很崇佛，在莫高窟、安西千佛洞、榆林窟中都留有数量不少的西夏壁画及雕塑。

后来，党项族建立的西夏控制了河西走廊一带，这个政权统治敦煌达200年之久，这一时期仅留下了为数不多的小规模石窟。1227年，西夏被蒙古灭掉，蒙古族也是崇奉佛教的民族。在这一时期，元朝统治者在莫高窟又开凿了一些洞窟。1524年，明朝政府封闭了肃州（今甘肃省酒泉市肃州区）西面的嘉峪关，敦煌和内地完全隔绝，莫高窟就在中原文明的发展中被遗落了。

敦煌的艺术

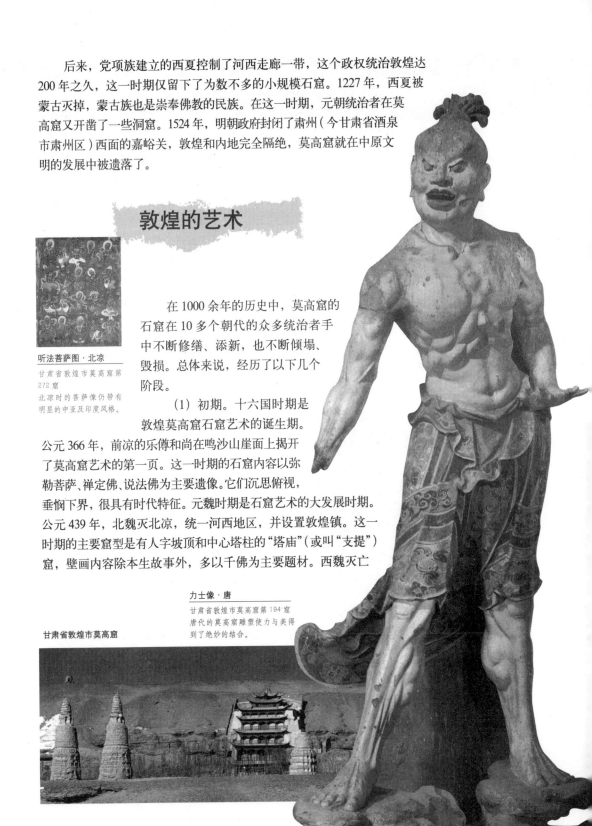

听法菩萨图·北凉

甘肃省敦煌市莫高窟第272窟

北凉时的菩萨像仍带有明显的中亚及印度风格。

在1000余年的历史中，莫高窟的石窟在10多个朝代的众多统治者手中不断修缮、添新，也不断倾塌、毁损。总体来说，经历了以下几个阶段。

（1）初期。十六国时期是敦煌莫高窟石窟艺术的诞生期。公元366年，前凉的乐僔和尚在鸣沙山崖面上揭开了莫高窟艺术的第一页。这一时期的石窟内容以弥勒菩萨、禅定佛、说法佛为主要遗像。它们沉思俯视，垂悯下界，很具有时代特征。元魏时期是石窟艺术的大发展时期。公元439年，北魏灭北凉，统一河西地区，并设置敦煌镇。这一时期的主要窟型是有人字坡顶和中心塔柱的"塔庙"（或叫"支提"）窟，壁画内容除本生故事外，多以千佛为主要题材。西魏灭亡

力士像·唐

甘肃省敦煌市莫高窟第194窟

唐代的莫高窟雕塑使力与美得到了绝妙的结合。

甘肃省敦煌市莫高窟

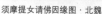
须摩提女请佛因缘图·北魏

甘肃省敦煌市莫高窟第257窟
北魏时期的壁画风格大致分两种，早期以西域
画风为主，怪异稚拙，后期吸取南朝画风的精
髓，潇洒高逸。此图仍以西域画风为主（特别
是在设色及人物特征上），但已带有明显的南
朝画风。图下部具有装饰性的山峦很容易使人
联想到顾恺之的名画《洛神赋》中的山峰。

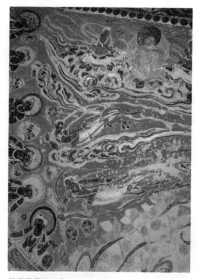
供养菩萨图·唐

甘肃省敦煌市莫高窟第321窟
唐代的飞天几乎成为莫高窟艺术的代表。这幅壁
画中，供养菩萨上方的飞天衣袂飘然，动感十足。

之后，北周统治敦煌20余年，其统治者宇文氏尊经重儒，宇文邕还曾经念佛，这使得敦煌的石窟艺术得到了很大的发展。现存的北周时期的洞窟内容丰富，描写细腻，人物渲染艺术手法多样，在技巧上充满探索精神，为丰富石窟艺术的表达能力提供了许多有益的探索。

（2）鼎盛期。隋朝的两个皇帝隋文帝、隋炀帝都十分信佛，把佛教尊为国教。隋文帝杨坚还诏令全国有破坏佛像者以"恶逆论"，从而增加了石窟造像的威严，也使佛教迅速传播开来。唐贞观十六年（646），翟思远一家修造的今编第220窟建成，这是莫高窟艺术的一个里程碑。武则天时期，由于她笃信佛教，再加上不断对西域用兵，从上到下为佛教与石窟艺术的发展奠定了良好的社会基础，许多方面都超过了前代。从神龙元年（705）到建中二年（781）是盛唐时期，也是唐朝由盛转衰的时期。为了维持西北地区的安定，唐朝大大加强了河西的保卫力量，仅玉门、安西、敦煌三地就屯兵1.45万人。当时的将军、都护、军使出兵西域，都带着许多文士、诗人、歌童、舞女、医人、星相、画匠、织工等各类随军服务人员。于是，内地的新画风、新技法在莫高窟有了直接的体现。莫高窟的中唐时期称为吐蕃时代。吐蕃时代壁画塑像在精致细腻方面是盛唐艺术的发展，笔墨精湛，线描造型的准确、生动都应是唐代艺术向深度发展所取得的成就。晚唐开凿的莫高窟石窟现存60个，但是，晚唐石窟在形式上和内容上较吐蕃时期还是有一些差异。首先，出现了大幅的《劳度叉斗圣变》，这是沙州民众推翻吐蕃统治的喜悦心情的直接反映。其次，《维摩诘经变》中吐蕃赞普的形象从壁画中消失。第三，经变中以汉族世家豪族的夫人子女代替了蕃装人物，给人耳目一新的感觉。

（3）衰落期。五代时期莫高窟的艺术风格是晚唐的继续。五代的壁画比较粗犷，特别重视笔、墨、色彩的结合效果，所谓"焦墨其中略施微染"的画法被广泛应用。西夏在莫高窟的早期做法是改修前代洞窟，其画风受甘州和西州回鹘画风影响较大，壁画上的人物造型和装饰纹样，与伯孜克里克石窟的壁画十分相像。元朝统治者也笃信佛教，当时全国比较流行萨迦派的金刚乘。因此，莫高窟现存的元朝石窟几乎都属于风格迥异的金刚乘藏密画派。明朝推翻元朝的统治后，封闭了甘肃酒泉西面的嘉峪关，繁荣近 1200 年的敦煌莫高窟艺术宣告结束。

敦煌莫高窟是我国古代佛教文化的集大成者，是一座举世无双的佛学宝库。按其艺术形式可将敦煌莫高窟艺术分为彩塑壁画和佛教典籍两大部分。

弥勒经变图·唐

甘肃省敦煌市莫高窟第 148 窟

这幅构图严谨、层次分明、赋色浓丽的图画是盛唐时期最大的弥勒经变图。这幅弥勒经变图的上部建筑可视为唐代真实建筑的一种反映，而精神上要表现的是兜率陀天宫。弥勒菩萨在宫内说法，回廊外天女"执众乐器，竞起歌舞"。下部，佛前有儴佉王、王妃、宝女舍弥婆帝、太子天色、彩女、婆罗门、长者、大臣以及弥勒亲族须摩提等剃度，婆罗门拆幢，嫁娶，老人诣冢同入墓，树上生衣，罗刹扫城，龙王夜同降雨，弥勒佛与众人往鸡足山见迦叶禅窟的情节。人物众多，气势磅礴。

菩萨像·西夏

甘肃省安瓜州东千佛洞第2窟
敦煌石窟是敦煌莫高窟、西千
佛洞、安西榆林窟、东千佛洞、
水峡口下洞子石窟、肃北五个
庙石窟、一个庙石窟、玉门昌
马石窟的总称。这些石窟开凿
时代、造像、绘画作风大体相
同。此图是西夏时期的壁画。
西夏由于崇奉佛教，敬佛供僧
之风很浓，境内大兴庙宇，扩
建石窟，在敦煌莫高窟、瓜州
榆林窟、旱峡石窟、肃北五个
庙、酒泉文殊山、永昌圣容寺
和武威天梯山等石窟都留有西
夏作品。菩萨美妙的形体作S
形，一手举过头部捻动手指，
一手下垂提净瓶，一腿微屈，
形成了柔和的人体轮廓，带有
印度笈多艺术的影子。

莫高窟前后历时1000多年，保留下来的彩塑多达2400多尊，皆出自历代能工巧匠之手，风格多样，千姿百态，所以它不失为我国最大、最系统、最为珍贵的一份雕塑遗产。

莫高窟最早的彩塑是十六国时期塑造的，其表现题材比较简单，人物形象带有一些印度人的味道，塑造手法也存在石雕的痕迹，没有充分发挥泥塑特有的自由伸展的性能。隋朝时候，彩塑的形式开始有了明显变化。佛与菩萨由北魏以来的"秀骨清像"变得雍容厚重。唐朝是莫高窟彩塑的极盛时代，艺术家们充分发挥他们的艺术天赋，创造出了丰富多彩、风格迥异的艺术造型，并使塑像更接近写实，使佛与菩萨"世俗化"，并最终成功地打破了"神"与"人"的界限，使莫高窟艺术更接近生活。

飞天像·唐
纵95厘米，横153厘米
甘肃省敦煌市莫高窟第158窟

莫高窟壁画的总面积达4.5万平方米。它所反映的范围虽然没有包罗佛教所有的经典内容，但几乎涉及了佛教经典的各部类宗派历史。莫高窟的壁画内容按其性质大体上可分为经变、说法图、民族传统神话题材、供养人像、图案装饰等5大类，其中内容最多的是经变。经变就是佛经故事画，画这种壁画的目的就是向人们灌输佛教思想。它们描绘的内容都是庄严简洁、没有污浊烦恼的西方极乐世界。壁画构图一般都很严谨，描写细腻。说法图是供养们供养礼拜的形象。北魏晚期的说法图，场面宏大，人物众多。中间的佛庄严神圣，两侧的菩萨却生动活泼、绰约多姿。他们有的交头接耳、窃窃私语，有的手舞足蹈、翩翩而起，有的虔诚献花，有的挽臂游戏，已冲淡了宗教法堂的庄严气氛，增添了浓厚的人间情趣。隋朝时，壁画内容发生了很大变化，说法图已减少，单身菩萨增多。这时期把菩萨画得都很美，几乎不再受西域影响，他们着俗装，衣饰华丽，不受固定仪型束缚，和现实世界中的人物很接近。唐朝时说法图已经退到一些次要的、不引人注意的地方，但这一时期的壁画达到了最高水平。供养人像也叫宗教"功德像"，是当时造窟人或参与造窟人的肖像。佛教传入我国之后，人们又把所谓的"前世"、"轮回"结合在一起，寄托在佛的世界里，希望"轮回"得到幸福。装饰图案主要绘于藻井，还有的画在龛楣、椽间和主体画的边上，它没有什么太大的意义，主要是起装饰作用。这时期的各式图案明显受西域的影响，有劲健和美妍之风，尤其是莲瓣式的龛楣，组织得更为精巧富丽。

菩萨像·唐(891)
高274厘米　甘肃省敦煌市莫高窟第196窟
这身菩萨形体硕大，姿态洒落，颇有气魄，作"游戏坐"式，毫无娇弱柔韧之感，一手放在膝部，头微倾，似在"澄心静虑"。他的躯体体现了"非男非女"的特质，饱满丰硕，既有男性的雄健魁岸，又有女性的刚柔婉丽，透露着旺盛精力和蓬勃的生机。根据此窟题记推断，此窟建成于大顺二年(891)前后，此像也应在此年前后。

盛唐雕塑

菩萨半跏像·唐
菩萨的姿态已经世俗化，随意而安然。肌肤丰润，装饰华丽。

阿难像·唐
阿难眉清目秀，宛若少年子弟，腰部略有弯曲，双手拢袖，神态清高脱俗，桀骜轩昂。

佛像一铺·唐
甘肃省敦煌市莫高窟第328窟
这铺彩塑共有一佛二弟子六菩萨，共九身，龛内南侧的一身菩萨像于1924年被美国人华尔纳窃去，现陈列在美国华盛顿博物馆。中央的坐佛气态雍容，形体最大。两侧阿难和迦叶旁立，然后是数身菩萨。菩萨多坐相，但嘴角有胡须。整个洞窟色彩冷暖交映，丰富而协调。

如来佛像·唐

迦叶·唐

迦叶双手合十，闭目诵经，显示了潜心专注的宗教热情，他那历尽沧桑的颜面、稳重的姿态、整齐的衣着与阿难形成鲜明对比，表现出了气质上的不同。

菩萨像·唐

甘肃省敦煌市莫高窟第194窟
菩萨一身华丽、光彩照人，着圆领上衣、细长披巾、绚美腰带，呈S形站立。丰腴的手臂一只残损一只略带动感，蕴含着生命的活力。素净的面孔与高贵的眼神目视众生，透出超脱、宽容与冷艳。塑绘结合，形质并茂的手法更使这身塑像达到了完美的效果，反映出中国艺术的博大与伟大。

菩萨像·唐

另类敦煌

【婚姻大事○】
婚礼图·唐

甘肃省敦煌市莫高窟第33窟
这是唐代的婚礼场面。图中帐幕内,新娘泰然站立,新郎匍匐在地行磕头礼。

【老幼别离○】
老人入墓图·唐

甘肃省敦煌市莫高窟第25窟
唐玄奘《大唐西域记》记载,在印度年纪大的老者死期将至时,邀朋携友,乘船至恒河,投水而死,由此可以升天。这就是老人入墓的原型。《弥勒成佛经》曰,若年衰老,自然诣山林树下,安乐淡泊,念佛取尽,名终多生大梵天上及诸佛前。这种期望成佛升天的习俗盛行于盛、中唐。图中人物形象相当生动传神。老人墓内的山水屏风可以视为早期山水画的重要资料。

【自幼向佛○】
童子拜佛图·唐

甘肃省敦煌市莫高窟第197窟
唐朝是中国佛教最兴盛的时代。图中小孩一丝不着,一心向佛。

【僧人洗头○】

僧人洗头图·五代

甘肃省敦煌市莫高窟第146窟
整幅画面定格在僧人低头接近水面的
一瞬。洗头僧人的眼睛与赤膊僧人的
眼睛醒目而突出，充满滑稽感和幽默
情趣。

【树下抚琴○】

树下弹琴图·唐

甘肃省敦煌市莫高窟第85窟
图画表现的是佛经中善友太子以琴声打动利师国公
主的故事。但从树下女性的装束来看，无疑是唐代
世俗生活的反映。着色的手法、画面的意境与西方
19世纪的印象派绘画有神似之处。

【冒雨农耕○】

【老师与学生○】

学堂图·唐

甘肃省敦煌市莫高窟第468窟
端坐在亭阁下的博士（老师）看
着助教体罚学生。屋内的学生
目光中透露出愤懑和不平。

求儿求女图·唐

甘肃省敦煌市莫高窟第45窟
礼拜观音菩萨，心诚则灵，左榜题为："设欲，求女，便生端
正有相之女。"右榜题为："设欲求男，礼拜恭敬观世音菩萨，
便生福慧智慧之男。"所以女人（孕妇）旁站女孩，男人旁站
男孩。

雨中耕作图·唐

甘肃省敦煌市莫高窟第23窟
图中表现家人冒雨耕作的情
形。上半部分一人耕田，一
人挑麦回家，下部分一人正
抓紧时间吃妻子送来的食物。

【求儿求女○】

发现藏经洞

现在敦煌被人们关注不是因为其悠久的历史，也不是因为辉煌的过去，而是因为莫高窟艺术宝库的发现，因为莫高窟藏经洞的发现。

一个世纪前的中国，正处在日渐衰弱的清朝末年，偌大一个莫高窟艺术宝库由一个云游而来的道士看管起来。这个道士就是那个一提起便让人切齿的"王道士"。王圆箓，原是湖北麻城的农民，因麻城连年旱荒，生活无着，他便逃到肃州（今甘肃酒泉），做了一名边防军卒。退伍后无事可做，就当了道士。王道士云游到莫高窟后，就在今天的第143号窟居住下来。此时，敦煌寺院住的多为红教喇嘛，诵的是番经，唯独王圆箓能诵道经，且说汉语。因此，当地人大都请他礼忏，他的生活状况得到了明显改善。

王道士有了些钱后，为积功德，聘请人改造佛窟。1900年5月26日，王圆箓早早起来，他要清扫莫高窟北端七佛殿下第16号石窟甬道中的积沙。他把这个7米长的甬道内的积沙清除掉后，甬道两壁露出了宋代人画的菩萨像，虽然画工并不精细，但保存得相当完好。王圆箓漫不经心地观瞧着墙上的壁画。这时，甬道的北壁忽然产生了一声巨响，墙上裂出一道缝隙。他吃了一惊，赶紧凑上前去，用旱烟管在裂了缝的墙壁上敲了几下。

结果让王圆箓吃惊不已，墙壁竟然是空的！王圆箓心里一阵激动，料想其中必藏有宝物。王道士轻描淡写地打发走了雇佣的人，耐着性子等到晚上，便悄悄地去打开了这道伪装的窟壁，找到了用泥封着的洞口。

王圆箓打开了这个洞口，一扇紧闭的小门出现了。他打开小门，里面是一个黝黑的高约160厘米，宽约270厘米，略带长方形的复室，室中堆满了数不清的经卷、文书、绣画、法器等等。王道士感到不知所措，他取出几份经卷，一路小跑来到县衙，送给县长汪宗翰。汪宗翰见多识广，知道这些古物的价值，便仗势向王道士索要了一批画像和写本。甘肃学台叶宗炽通过汪宗翰，也得到了不少藏经洞的藏品，其中有宋乾德六年(968)的水月观音像。他建议藩台衙门把这批文物运到省城来保存。昏聩的清政府觉得花高昂的路费运送这些"废纸"根本不值得，便没有采纳这项建议，只是发出了一纸命令，让王圆箓封起藏经洞，从此就不再过问了。

菩萨像·唐

纵172.5厘米，横18厘米
甘肃省敦煌市莫高窟藏经洞出土
英国伦敦市大英博物馆藏
这幅带幡的菩萨像是当时信佛者的还愿作品中的代表作，同时也是保存最完好的幡画。菩萨手拿一个有波纹的玻璃碗，碗中盛有一朵莲花。波纹碗是从波斯输入的。这件敦煌莫高窟藏经洞的精美绢画是英国的斯坦因在20世纪初从中国窃走的。

王圆箓像　1908

敦煌藏经洞藏品　1908

树下说法图·唐

纵 139 厘米，横 101.7 厘米　甘肃省敦煌市莫高窟藏经洞出土　英国伦敦市大英博物馆藏

这幅保存良好的绢画是敦煌藏经洞中发现的绘画作品里年代最早的一件，大约是 7 世纪前叶的作品。整幅画的构图与敦煌 103 窟等初唐洞窟最为接近（从隋代的一佛二菩萨的图样发展而来），人物嘴唇的样式与唐神龙二年 (706) 的永泰公主墓壁画一致；女供养人的发型和高胸衣服是从隋代到初唐期间极为流行的样式，灵芝形的云朵也是初唐的样式。本图对体积、透视和空间的关注，可以看出初唐时期由于政治、军事的强盛，与西域交通的畅利对艺术也产生了相当大的影响。

宝藏重现后的风波

1900 年 5 月 26 日，道士王圆箓的发现使已经十分荒凉的敦煌再次成为世人瞩目的焦点，许多"学者"慕名而来。

盗取莫高窟宝藏的始作俑者是俄国的勃奥鲁列夫。1905 年，当他听说敦煌石室发现古代经卷写本，便于当年 10 月到了敦煌，以少量的俄国商品作交换，从王圆箓手中骗去一大批珍贵的文书经卷。勃奥鲁切夫将卷带回国后，对此秘而不宣，直到 1963 年世人才知道这一情况。

继勃奥鲁列夫之后来到敦煌的是斯坦因。他对于中国文化并没有什么认识，然而凭着冒险家追寻宝藏的本能，一听到这个消息便匆忙赶到中国，带着一个姓蒋的助手直奔敦煌，想办法结识王道士。

斯坦因想用金钱从王圆箓手中收买经卷，王道士看着斯坦因手中白花花的银子，虽然十分眼馋，但还不足以消除他对神灵及官衙的畏惧，斯坦因想用金钱收买的计划落空了。斯坦因常常光顾王圆箓住的洞窟，千方百计讨好王圆箓，想弄到宝物。一天，他忽然对王道士住处的壁画发生了兴趣，感到自己似乎找到了攻

伯希和调查藏经洞 1908 年

伯希和是敦煌学著名学者，杰出的汉学家。1908 年，他在敦煌以非法手段从莫高窟藏经洞弄走了大批经卷及画卷。这位法国人后来成为敦煌学最著名的学者之一。

金刚波罗蜜经·唐

甘肃省敦煌市莫高窟藏经洞出土

1900 年发现于敦煌藏经洞的雕版印刷品《金刚波罗蜜经》，为卷轴装，刻印精良，印品完整，并有"咸通九年 (868) 四月十五日王玠为二亲敬造普施"字样，为雕版印刷术成熟之作。

菩萨头像·唐

甘肃省敦煌市莫高窟出土

日本 HERMITAGE 美术馆藏

关的钥匙。原来，王道士住进这个佛窟后，剥去了原来的壁画，请人在上面重新画上唐僧西天取经的故事。斯坦因便决定由此突破。其实，斯坦因对玄奘事迹知道得并不多，他多方查找资料。经过准备之后，便和王道士侃起唐僧及其西游来。他装出一副对玄奘无比崇敬的神情，而且还说自己循着玄奘的足迹，历尽千难万险，从印度穿越峻岭大漠才来到了敦煌。他说得天花乱坠，让王圆箓对他无比崇拜。

深夜，王圆箓终于再次打开了密室的门，拿出一些经卷写本给这位"司大人"看。第二天，王道士又答应了斯坦因的请求，把他引进了秘室。斯坦因首次获准进入藏经洞密室，初睹其中所藏丰富文物，简直目瞪口呆。他看见那小小密室里的物品，虽然不是井井有条，却是前所未见的经文卷帙。暗淡的油灯照明下，密密麻麻，一包包的手抄本堆在那里，几乎有3米高，后来经过测量，知道这密室容积近14立方米，几乎满是手抄本和书卷，密室内只留下仅能容两人站立的空间。

从那以后，王圆箓对这位洋大人放松了警惕，任由他进出密室，为所欲为。看到时机成熟，斯坦因告诉王圆箓说有成捆藏品要暂时拿出来作学术研究，而这样做绝非渎圣，因为抄本、书卷让诚心向道的人鉴赏等同宣扬佛法，功德无量。斯坦因还不断捐一点钱资助重修寺院，而且从来不提购买经卷的事，让贪心的王圆箓十分欢喜。斯坦因一边讨好王圆箓，一边利用中国助手屡次乘夜窃取大捆的珍贵文物背到营房。最后，这个以寻宝有功而被英国皇室封为爵士的家伙，共弄到24箱稀世奇珍，共计3000多卷经籍，另外5箱装着满满的绢帛以及200多幅经书。

斯坦因盗宝成功的消息，极大地刺激了其他帝国主义者的贪欲，他们争相派"考察队"前往敦煌。

1908年，法国汉学家伯希和也来到了莫高窟，他凭着

供养菩萨立像·唐

纵80厘米，横28厘米 甘肃省敦煌市莫高窟藏经洞出土
法国吉美国立东方美术馆藏
这幅画是法国人伯希和20世纪初从中国敦煌莫高窟藏经洞中盗走的众多珍品中的一件。它可以称得上敦煌唐代佛画中的最精美的作品之一，同时也是唐代人物画佳作。供养菩萨右手结印，左手托盘，目视右方，立于莲台。在画面的上部，着重刻画了脸的神情与手的动姿，结构夸张而法度森严，线条遒劲而弹性十足，渲染简淡而厚度有加，画面的下半部着重于衣纹的处理，颇有"吴带当风"的感觉。

说法图·唐

甘肃省敦煌市莫高窟

这幅说法图是莫高窟唐代壁画中最精美的作品之一。图中的空白是1924年被美国人华尔纳粘走所留下的痕迹。上方的四身飞天是这一题材中最具代表性的佳作之一，飞天相向对称，气韵相通，各具神韵，前呼后应。飞天扬散花朵飘然而下，祥云缭绕虚空，画面造型、动感和意境都达到了极佳的水平。在面作为说法图局部的菩萨像被华尔纳粘走，现已流落海外。

对中国文化的研究，在斯坦因没有挑走的经卷中挑走了更珍贵的6000多卷写本和一些画卷，装满了10辆大车，几经辗转运到巴黎。他还把带不走的塑像和壁画拍了照片，印出了6大本，名为《敦煌千佛洞壁画集》，又把洞窟编了号码。他还拿着极少的一部分汉文写本来到北京炫耀，他的行为引起了爱国学者的极大愤慨。1909年，北京学部才正式发布文告，并拨款到甘肃，命令敦煌县令陈泽把千佛洞所剩的古写本全部运到北京。然而这批宝贵的文化遗产在启运来京的途中被各地官吏层层盗窃，又因此受到很大损失。这批文物全部运到北京后只剩下8697卷了，经整理后保存在京师图书馆。

1911年10月，日本人吉川小一郎和橘瑞超率领大谷光瑞探险队也赶到敦煌，从王道士手中骗得古写本经卷四五百卷和两尊精美的唐代塑像。

报恩成道经·唐（753）

纵25厘米，横460.5厘米　甘肃省敦煌市莫高窟藏经洞出土　北京市故宫博物院藏

《报恩成道经》，全称《原始洞真慈善孝子报恩成道经》，共32卷。所见的是第一卷。款署，"天宝十二载(753)六月二日 白鹤观为皇帝敬写"。白鹤观是一位为皇帝抄写道经的经生。除本卷外，敦煌写经中还收有白鹤观抄写的另两部经卷，即《太上大道玉清经卷二》、《太上业报缘经卷》。这三件道经作品纪年均是天宝十二载，并且全是为皇帝而写，时间在五月至六月间。《报恩成道经》是敦煌藏经洞劫后所余的作品，书写严整娴熟，点画方峻严切，碑味十足。

1914年，斯坦因又来到中国，用500两银子从他的"旧友"王圆箓手中"买"走了600多卷古写本经卷。至此，他共骗得织绣品150多方，绘画500多幅，还有图书、经卷、印本、写本共6500多卷，成为敦煌艺术宝藏的第一盗匪。同年，俄国人鄂登堡也来到敦煌，盗走了不少文物和塑像，还剥去了一些壁画。

1924年，美国人华尔纳匆匆来到敦煌，他用事先准备好的特殊化学胶布剥离盗走26方唐朝洞窟中的壁画，还窃取了几尊唐代塑像，这些东西现在收藏在美国哈佛大学的福格艺术博物馆和波士顿博物馆。

帝国主义分子掠夺的敦煌莫高窟文物数量十分惊人，仅北魏到北宋的古写本就有两万多卷。内容包括佛经、道经、摩尼经、诗赋词曲、小说、方志、信札、户籍、账簿、借贷契约、历书、医书等等。除此之外，还有绘画、织绣等工艺美术品1000多件，其中有一件唐咸通九年(868)的一卷刻本经卷，卷头有一幅"佛说法图"，是世界上最古老的一件雕版印刷品，也是被盗文物中最珍贵的一种。

敦煌莫高窟的文物被劫掠后，莫高窟也随之名扬世界，国内外学者们从各种专门学科的角度，对以敦煌为研究对象的学术领域进行深入的研究，形成了独特的"敦煌学"(Tunhuanology)。

菩萨像·唐
甘肃省敦煌市莫高窟第328窟
美国波士顿美术馆藏
这是1924年美国人华尔纳盗走的敦煌莫高窟第328窟的菩萨像，现藏于美国。

金刚力士像·唐

纵79.5厘米，横25.5厘米

甘肃省敦煌市莫高窟藏经洞出土

英国伦敦市大英博物馆藏

画幡是唐五代以来流行的敬佛用品。这幅画幡带有总长超过4米的4条灰色的丝锦飘带。下图是画面的中心部分。力士的肌体和力量体现在身体裸露的部分，强劲有力。力士左手紧握法器，右手上扬，双脚坚实劲利，脾气暴躁，性格刚烈，头光中的烈焰浓烟和弯曲的天衣形成螺旋形的上升的动势，磅礴有力。这幅画是20世纪初英国人斯坦因盗走的众多藏经洞文物中的杰作。

谁封藏了藏经洞

　　敦煌藏经洞经卷的发现，对人们研究历史、文化、佛教等都产生了深远的影响。当然，如同许多其他宝藏被发现一样，围绕敦煌经卷的谜团也随之而来——如此丰富的经卷是被谁封藏起来的？封藏这批经卷又是出于何种目的？这些问题从所藏经卷被发现到现在，一直悬而未解。有人认为敦煌各寺院把没有用途的书卷集中在一个洞窟中，形成了藏经洞，这种说法被称为"废弃说"。

　　主张"废弃说"的代表学者是盗取敦煌文物的第一大盗匪——斯坦因。日本学者藤枝晃也主张"废弃说"，他认为废弃的原因是随着中国印刷术的发明，印刷的佛经取代了卷轴装的佛经；图书馆的重新布置导致了原来的卷轴佛典遭到废弃，时间是在 1002 年以后不久。

有人对此提出了不同意见，认为洞中的经卷是因为躲避战乱而有目的地藏起来的。主张"避难说"的代表人是另一位盗取敦煌文物的名流——法国汉学家伯希和。伯希和认为唐代发生了"安史之乱"以后，驻扎在敦煌的军队被调入内地平定叛乱，吐蕃人乘机占领了敦煌，这一时期史书上称为吐蕃占领时期。1068 年党项在敦煌建立了西夏政权的统治。藏经洞中的藏品却没有西夏文书，而且藏品的堆放也没有一定的顺序和分类，所以伯希和认为在第一次党项攻打敦煌时，为避免兵灾，当时僧人匆忙将这些东西堆入洞中，封了起来。中国有的学者也主张"避难说"，但他们认为经卷的收藏并不是发生在党项攻打敦煌的时候。有些中国学者认为北宋绍圣年间（1094～1097），黑汗王朝向北宋提出攻打西夏的请求，得到了北宋王朝的回应。当地僧人为了防止佛教典籍在战火中毁灭，主动采取了保护措施，将经典汇集一处，藏入洞中，并在外面画上壁画，进行了精心伪装。

究竟藏经洞中的经书是谁藏的，什么时候藏的，还是被抛弃的，至今还没得到完满的解答，仍是个未解之谜。

莫高窟第 17 窟入口
甘肃省敦煌市

地藏六道图·北宋

甘肃省敦煌市莫高窟藏经洞出土
法国吉美国立东方美术馆藏
居于画面中央的地藏菩萨左手持火焰宝珠，右手执锡杖，有头光、背光与身光，坐于岩座上。地藏菩萨身后的6条光带，分别显现着地狱道（右下）、饿鬼道（左下）、畜生道（右中）、修罗道（左中）、人间道（左上）、天道（右上）之六道世界。地藏菩萨左右侍立着执卷童子，左侧童子足旁为蹲狮，右侧童子足旁为水瓶。画面下部为比丘与供养人。这件作品于 20 世纪初为法国人伯希和从敦煌莫高窟藏经洞中掠走。

千手千眼观音菩萨坐像

五代后晋天福八年（943）

纵 123.5 厘米，横 84.3 厘米

甘肃省敦煌市莫高窟藏经洞出土　法国吉美国立东方美术馆藏

这幅绢画是 20 世纪初法国人伯希和从中国敦煌莫高窟藏经洞掠走的珍品。在画面中央，千手千眼观音菩萨端坐于莲花座上，圆形周围是其眷属。画面最上部左右角上为四天王，主尊两侧，右为婆薮仙，左为弁财天，其下分别为放射着火焰光的碧毒金刚和火头金刚，宝池前的供养台两侧，即为捧着礼盘的日藏菩萨与月藏菩萨。画面下部，右为水月观音，左为着白衣的女性像。据铭文可知，此图是天福八年（943）马千进为七母（白衣女）所绘的供养画。

失落的瑰宝敦煌

引路菩萨图·五代

甘肃省敦煌市莫高窟藏经洞出土

英国伦敦市大英博物馆藏

这幅画右侧的榜题格已画好，但没有进行题字。即使这样，这幅画的主题仍然很明显。对比右图，可以想象这一题材在唐代（延续至五代、宋时的西部地区）的流行。此画描绘菩萨引导信徒的灵魂升向净土世界，画面上部的宫殿正是净土天堂。由于菩萨的宝冠上有一尊坐佛像，可以确认这就是观世音菩萨。画面右下方的死者作贵妇人打扮，她所着的长裙上的团形图案在晚唐时期所常见。此图在20世纪初被英国人斯坦因盗走。

引路菩萨图·唐

纵80.5厘米，横53.8厘米

甘肃省敦煌市莫高窟藏经洞出土

英国伦敦市大英博物馆藏

本图表现菩萨为亡灵引路升天国的场景。同类题材在晚唐至宋初十分流行，大英博物馆还藏有另一件五代同题敦煌绢画。此外，法国人伯希和在敦煌带走的绢画中也有四件同样题材。此图是这些作品中仅有的一幅写有榜题的画，右上的榜题处写有"引路菩（萨）"三字。图中，菩萨引导贵妇向天堂飘去，菩萨和妇人都立于流云之上，画面左上角，云中的宫殿建筑表现的正是天堂。此图在20世纪初被英国人斯坦因盗走。

扶风 法门寺地宫 之谜

法门寺的历史与发掘

法门寺是我国著名的古刹，位于陕西省扶风县城以北的法门镇。法门寺始建于东汉。据史料记载，古天竺（印度）国王为弘扬佛教，各地分葬佛祖释迦牟尼的真身舍利，于是在世界各地建塔，法门寺即是其中之一，并以珍藏佛指舍利而闻名于世。

民国 28 年 (1939) 修整时，法门寺寺院殿宇焚毁殆尽，仅明代修建的砖塔独存。1981 年，因雨积水，明塔半边倒塌。政府拨款重建寺塔，并整修了殿宇。相传法门寺塔下藏有佛祖释迦牟尼的一节手指骨舍利，因此寺塔又尊称大圣真身宝塔，所以当 1987 年清理塔基时，佛指舍利成了万众瞩目的焦点。

考古工作者非常小心地除开黄土，发掘到法门寺塔下地宫后室的藻井大理石盖，透过西北角的裂缝，当手电筒的光照进去的时候，反射出了一道道耀眼夺目的金光。推开地宫两扇厚重的石门，于公元 1987 年（佛历二五三一年）5 月 5 日凌晨 1 时，正是农历四月初八，释迦牟尼佛祖的诞辰，考古工作者发现了供奉于地宫的佛陀真身舍利。整座地宫结构复杂，用材讲究，雕饰精美。在目前全国已发掘的塔基地宫中是独一无二的。这种三室制的地宫，显然是模拟人间埋葬皇帝的最高规格的墓室构筑的。

法门寺塔

陕西省扶风县法门镇

苍松翠柏与蓝天白云无法掩盖佛指舍利的夺目光芒。经过千年历史风云变化，佛经的吟诵依旧回荡在耳边；微尘映世界，瞬间含永远。

法门寺出土的文物

法门寺塔地宫出土的遗物约170余件，可分为两大类：一是4枚佛指舍利；二是为供奉舍利而奉献的物品。奉献的物品有金银铜铁器、瓷器、玻璃器、珠宝玉器、漆木器、石质器、杂器以及大量的纺织品和货币。由于都是唐代皇室贡奉的物品，所以数量大、等级高，錾文内容丰富。仅金银器就有121件，与佛教有关的造像和法器有菩萨像、香案、舍利棺椁、宝函、阏伽瓶、锡杖、如意、钵盂等；日常生活用具有盆、盒、茶箩子、碗、碟、香炉、香囊、茶碾子、笼子、盐台等。这批金银器是长安

镀金双凤纹银盒·唐

高9.5厘米，边长18厘米
陕西省扶风县法门寺塔地宫出土

的文思院和江南地区制造的。文思院是专为皇室制作金银器的手工业作坊，是当时工艺水平最高的制造所。江南地区在晚唐也是制作金银器的主要地区，都曾向朝廷进献过金银器。出土的石刻有石碑、灵帐、阿育王塔等，其中记述了奉献物品的名称、数量、器重以及奉献者的名衔等，使我们确切了解了出土器物的名称，使以往一些不确切的称谓得以纠正。出土的19件琉璃器中，不少为伊斯兰器，是中国与西亚交通和文化交流的物证，是早期伊斯兰美术的重要发现。

鎏金银质捧真
身菩萨像·唐

高38.5厘米
陕西省扶风县法门寺塔地宫出土
菩萨像被认为最能体现唐代密宗道场。其莲座上部莲瓣内，鎏有形态各异的菩萨像，中部则刻有四大天王像，而覆钵底座则鎏有密宗明王像，屈跪于莲座上的菩萨手捧錾刻着发愿文的荷叶盘，正是一座完整的曼荼罗坛场。

所有的出土文物都与塔中瘗埋的舍利有关，如捧真身菩萨，是全国数以万计出土文物中独一无二的稀世珍品。菩萨原置于地宫中室的东北角，完好地盛放在银棱檀香木盝顶宝函之中。菩萨头戴化佛花蔓冠，花蔓冠边缘串饰珍珠。上身袒露，双手捧着上置发愿文的鎏金银扁荷叶形银盘，下着羊肠大裙，单腿跪于莲座上，通身装饰珍珠璎珞。菩萨手捧的金匜呈长方形，匜栏上贴饰16朵宝相花，匜上錾文："奉为睿文英武明德至仁大圣广孝皇帝，敬造捧真身菩萨永为供养。伏愿圣寿万春、圣枝万叶、八荒来服、四海无波。咸通十二年辛卯岁十一月十四日皇帝巡庆日记。"通观全像，菩萨与像座构成一个完整的曼荼罗，即密教的坛场。唐懿宗咸通末年，迎法门塔佛指舍利入宫内，即置于菩萨双手捧着的荷叶形盘内，供帝后嫔妃们顶礼膜拜，所以称为"捧真身菩萨"。懿宗登基后，内忧外患，于是想通过迎佛骨来缓和阶级矛盾和安定政治局面。咸通十四(873)年三月二十三日，从法门寺地宫中迎出舍利，经安福门送入宫内，放置在捧真身菩萨双手捧持的荷叶盘上供养。因此，这尊捧真身菩萨既是唐代最隆重崇佛的产物，也是唐代最后一次迎佛骨的见证。它的历史价值还在于是迄今为止唯一有皇帝名号的文物。

中国考古未解之谜

61

佛指舍利探秘

据历史文献记载，我国境内曾有四大名刹供奉释迦牟尼真身舍利。岱州五台及终南五台之舍利，在唐武宗会昌年间灭法时敕令毁坏；泗州普王寺也于清康熙十九 (1680) 年沉入洪泽湖中，此三寺的真身舍利已无法见到。惟有法门寺地宫是目前国内得以保存释迦牟尼真身舍利的地宫。地宫于唐懿宗咸通十五 (874) 年封闭直至这次发掘，有 1113 年间从未被移动过。这次发掘共发现佛指舍利 4 枚。据唐释道宣《集神州塔寺三宝藏通录》记载，显庆五年 (660) 春三月，敕取法门寺舍利往洛阳宫中供养，"皇后（武则天）舍所寝衣帐直绢一千匹，为舍利造金棺银椁，数九重，雕镂穷奇"。

法门寺所收藏的佛指骨舍利，极其受到历代信佛帝王的尊崇与信奉，在唐代时更是达到了狂热的程度。自唐太宗以降，朝廷多次加以殊礼，据唐宪宗敕命撰写的《佛骨碑》中所记载："太宗特建寺宇，加以重塔；高宗迁之洛邑；天后荐以宝函；中宗纪之国史；肃宗奉之内殿；德宗礼之法宫。"唐贞观五年 (631)，唐太宗开启塔墓，以舍利示人。舍利出土之时，瑞光四射，四方民众，蜂拥寺内，同观佛光。从此，震荡大唐朝野达 200 多年之久的"佛骨旋风"拉开了序幕。

法门寺地宫发掘现场
陕西省扶风县法门镇

第二次奉迎佛骨发生在唐显庆五年 (660)，唐高宗李治一生信奉佛法，对于"三十年一开闭，开则五谷丰登，兵戈自息，天下太平"的礼迎佛骨之事自然热衷。敕令将佛骨从法门寺迎请到东都洛阳，并由道宣律师主持法事。在由法门寺经长安到洛阳的数百里路途中，僧俗士民络绎不绝，翘首踮足，急欲一睹佛骨风采。这次礼佛活动时间很长，规模很大：佛骨在京师供奉了 4 年之久才送回法门寺，并敕令为舍利建造了九重金银棺椁，以为供奉，皇后武则天也施舍了衣帐、直绢 1000 匹。

第三次奉迎佛骨是在武则天称帝后的武周长安四年 (704)，武则天早年为妃嫔时，

佛指舍利及塔形函·唐
陕西省扶风县法门寺塔地宫出土

佛舍利·唐
陕西省扶风县法门寺塔地宫出土
法门寺所发掘的佛指舍利。舍利子的形成是修行的结果，自古以来受到佛教徒的敬奉。图中舍利子是释迦牟尼佛遗体焚化后，所留下的固体结晶物。法门寺内共发现4枚，形状大小相仿，唯图中表面有粉状分泌物，且具细微裂纹者，才是唯一传存的佛指舍利。

金银七重宝函·唐
高23.5厘米，边长20.2厘米
陕西省扶风县法门寺塔地宫出土

曾被迫迁出宫中，削发为尼，度过了一段黄卷青灯的孤苦年华，便和佛教结下了缘分。于是，崇佛的高潮再度掀起，一时之间，烧指顶缸者争先恐后，舍财投宝者不计其数，种种香花鼓乐、华盖幡幢，如海如潮，盛况空前。

第四次礼佛发生在唐肃宗上元元年（760），"安史之乱"尚在继续，国难当头，唐肃宗临阵奉佛，希望止息兵戈，社稷安宁。这次迎奉佛骨的时间和规模都比前几次小得多，气氛也很不同，"道俗瞻恋，攀缘号诉，哀声振薄"，一派三界火宅、众苦前熬的悲戚景象。

第五次奉迎佛骨在唐贞元六年（819），当时的唐朝处于"藩镇割据"的局面。藩镇诸将，胡族甚多，尤崇佛教。唐德宗的奉佛之举，或许正是为了笼络这些地方实力派吧！

第六次奉迎佛骨是在唐元和十四年（819），唐宪宗派专使往法门寺，将佛骨迎入宫供养三天，帝后率皇室人员及文武百官一一礼拜，并交京城佛寺轮流供奉。唐宪宗的这一举动震动京城，王公士庶奔走相告，"焚顶烧指，千百为群；解衣散钱，自朝至暮；转相仿效，唯恐后时；老少奔波，弃其业次"。整个长安城掀起崇佛狂潮。这使刑部侍郎、著名文学家韩愈十分忧虑，奋笔写下《谏迎佛骨表》上奏皇帝。他拍着胸脯慷慨激昂地表示：假如佛陀真能显灵，施人祸祟，那么所有的灾祸都由我韩愈来承担，上天作证，决不反悔。崇佛极深的唐宪宗哪能接受韩愈的逆耳忠言，一怒之下，要将韩愈处斩。众宰臣苦请从宽，最后韩愈得免死罪，但被贬到当时边远瘴疠的广东潮州。

中国考古未解之谜

黄绿玻璃茶碗·托·唐

（茶碗）高5.2厘米，口径12.7厘米
（托）高3.9厘米，长径13.8厘米
陕西省扶风县法门寺塔地宫出土

银芙蕖·唐

高11.7厘米
陕西省扶风县法门寺塔地宫出土
其花茎如黄蕊环绕成底座，莲茎上莲
瓣自然舒展，中间莲心如月隐现，而
两旁荷叶微卷，脉络分明、逼真，如
此意象化融合写实的造型，在创意上
实在难得。

银镀金透雕飞鸿文提梁笼·唐

高17.8厘米，口径16.1厘米
陕西省扶风县法门寺塔地宫出土

迎请佛骨最为铺张的莫过于唐咸通十四年 (873)，第七次迎取佛骨。是年春，唐懿宗诏令大德高僧数十人恭迎法门寺佛骨，朝中百官纷纷上疏劝阻，但唐懿宗却说：只要能见到佛骨，死也心甘了。为了奉迎佛骨，在皇帝的亲自安排下，长安倾城出动，官民齐做准备，从长安到法门寺的100千米之间，车马昼夜不绝，沿途都有饮食随时供应，称"无碍檀施"。沿途制作数以万计的浮屠、宝帐、香舆、幡花、幢盖、幢伞。其中用金银宝物制成的宝帐香舆，用孔雀鹢毛装饰宝刹，宝刹小者高一丈，大者二丈高，抬一座宝刹要用轿夫数百人。迎请佛骨的仪仗车马，由甲胄鲜明、刀杖俱全的皇家禁军导引，文武大臣护卫，名僧大德供奉，长安各寺僧众拥戴，成千上万善男信女膜拜，音乐沸天，旗旌蔽日，绵亘数十里。长安城里的豪富还在每条街上，用绸缎结扎成各式彩楼，并饰以珠玉金宝，五光十色，巧夺天工。同时，他们还施舍钱物，号为无遮会，争奇斗富，场面之盛令人叹为观止。唐懿宗亲往佛寺，恭迎佛骨入城，并顶礼膜拜，泣不成声。在奉迎佛骨的日子里，召请两街供奉僧入内，赏赐金银布帛，还把佛骨迎入皇宫内道场，设金花帐、温凊床，铺龙鳞之席、凤毛之褥，供奉三日然后送出，先后安放于安国寺、崇化寺，宰相以下文武百官竞相布施金帛奉佛。由于皇帝带头迎拜佛骨，长安城内虔诚的佛教徒更是如痴如醉。为了表达对佛的虔敬，有的在佛骨面前砍断自己的左臂，用右手拿着断臂，一步一叩首，血流满地；有的肘行膝步，爬到佛骨面前；有的用牙咬断手指，用火烧手指，在佛骨面前发誓许愿；还有的头顶干草，点火燃起，直至头顶焦烂，哭卧于佛骨面前。在这场规模空前的迎请佛骨活动中，君臣士民皆激动不已，沉浸在宗教狂热之中。除皇室、百官、豪富争施金帛外，长安城内各坊里百姓组织社团，凡居民无论男女长幼，每人每十日捐钱一文，积钱无数，法门寺地宫内的稀世珍宝，大多是唐懿宗迎请佛骨送归时奉献的。然而，唐懿宗在大张旗鼓奉迎佛骨的第二年便死去了，唐僖宗继位登基后，立即诏令将佛骨送回法门寺，在仪式上也大大从简，远没有迎出时那番热闹了。饱经流离、生逢衰世的百姓，呜咽流涕，执手相谓："六十年一度迎真身，不知何日能再见。"

法门寺文物与茶文化

自唐代起，茶艺广为盛行，茶具也是各种各样，美不胜收。烹茶、啜饮呈礼仪化、规范化和艺术化，特别是陆羽的《茶经》问世后，越来越多的人开始饮茶。陆羽因此也被奉为"茶神"。法门寺地宫中出土的多种茶具，虽配套不甚严格，但仍可作一组器物，它们各专其用又互相配合，为我们认识晚唐饮茶方式提供了重要的实物资料。

地宫出土的鎏金镂空鸿雁纹银笼子，通体镂空，纹饰鎏金，两侧口缘下铆有环耳，环耳上套置提梁，上有银链与盖顶相连。笼子底部边錾"桂管臣李杆进"六字。

唐宋饮茶，烹煮时可先将茶团饼碾成茶末。因此碾是烹茶的重要器具。《茶经》里说茶碾用木制，讲究的则用银制。地宫出土的鎏金鸿雁流云纹银茶碾子，浇铸成形，纹饰鎏金，通体作长方形，由碾槽、辖板和槽座组成，碾槽嵌于槽身之中，底部弧形，便于碾轴反复运行。槽身两侧饰天马流云纹。与碾子配套使用的是碾轴，地宫出土的鎏金团花纹银锅轴，錾文"锅轴重一十二两"，浇铸成中间粗壮、手执处渐渐锐小的圆杆，两端刻花。碾出的茶末要过箩。箩细则茶浮，粗则水浮。因此，对箩孔的粗细有一定的要求。地宫出土的鎏金飞天仙鹤纹壶及门座茶箩子，钣金成型，纹饰鎏金，箩外底錾有铭文。茶箩为仿木制的箱匣结构，由盖、身、座、箩、屉五部分组成，残存的纱箩极细密，反映这时茶末颗粒已很细。这组茶具上多处刻有"五哥"字样。僖宗李儇为懿宗第五子，册立为皇太子前宗室内以"五哥"相称。这组茶具是僖宗供奉的，茶是佛前供奉品之一，因而奉献茶具是在情理之中的。

此外，还出土有蕾纽摩纹三足架银盐台、壶门高圈足银风炉、鎏金四出花纹银箸、鎏金银龟盒等，它们分别用做盛盐、鼓风、拨炭、贮茶等。总之，法门寺地宫出土了一整套晚唐时期的饮茶用具，如此齐全的配置，在我国尚属首次。对研究唐代饮茶史，其重要意义是不言自喻的。

中国考古未解之谜

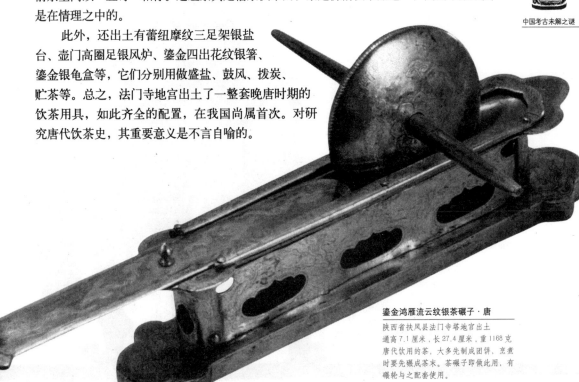

鎏金鸿雁流云纹银茶碾子·唐

陕西省扶风县法门寺塔地宫出土
通高7.1厘米，长27.4厘米，重1168克
唐代饮用的茶，大多先制成团饼，烹煮
时要先碾成茶末。茶碾子即做此用，有
碾轮与之配套使用。

65

蓝玻璃刻花葡萄唐草文盘·唐

高2.3厘米，口径20.2厘米
陕西省扶风县法门寺塔地宫出土
玻璃盘具有典型的伊斯兰风格，
是丝绸之路运来的西方制品。

银镀金鸳鸯团花纹四花形双耳盆·唐

高2.3厘米，口径20.2厘米
陕西省扶风县法门寺塔地宫出土
地宫出土的"监送真身使随真身供养道具及恩赐金银宝器
衣物帐"记载此器为"银金花盆一口重一百五十五两"，
一百五十五两相当于现在的6265克。这是唐代江南制造的
盛水器皿，纹饰精美，工艺高超，底部外壁刻有"浙西"二字。

五足银熏炉·唐

通高15.1厘米，口径19.5厘米，腹身5.6厘
米，底径16厘米
炉座高9厘米，足沿外径26.6厘米，重
1300克
陕西省扶风县法门寺塔地宫出土
此炉造型奇异，炉身通体无一处不是布满
精雕细琢的图案，鱼身炉足造型更是精巧
逗趣，令人玩味。

阿育王塔·唐

高 53.5厘米

陕西省扶风县法门寺塔地宫出土
汉白玉浮雕成的阿育王塔形制古
朴，有浮雕菩萨8身、人面12具，
彩绘鲜艳奇丽，是唐代建筑佳构。

法门寺铜制浮屠·唐

高 53.5厘米

陕西省扶风县法门寺塔地宫出土
分塔基、塔身、塔刹三部分。塔基为须弥
座，塔刹高耸，顶端有宝蓝、圆光、仰月
及宝珠。塔身雕铸精细入微，檐、柱、斗
拱、门窗，甚至出入之拱桥，以及塔顶宝
刹，皆一应俱全，形态上采中国楼阁、
印度佛塔与波斯凉亭风格兼而有之。而
铜锈所造成的班驳色泽，更添几分意境。

秘色瓷八角长颈瓶·唐

高 21.4厘米，口径 2.2厘米

陕西省扶风县法门寺塔地宫出土
秘色瓷是中晚唐时专门供皇家使
用的一种青瓷，在唐代就称为绝
品。法门寺出土的几件秘色瓷是
这类瓷器中最可靠的实物。

北京古城墙 为何独缺一角

《诗经·商颂》云："商邑翼翼，四方之极。"可见古代筑城时就有了城墙。

封建社会后期建筑时期最长、工程量最大的城是北京城。它最初称为元大都，城方六十里，十一门，至元四年(1267)始用夯土版筑。今天北三环路北还有土城遗址。《光绪顺天府志》说，北京城雉堞一万一千三十八，炮窗二千一百有八。内城周长约四十里。墙高三丈五尺五寸，围栏高五尺八寸，通高四丈一尺三寸。明洪武、永乐年间都重修加固城垣。宣德九年(1434)，以五城神机营军工和民夫修城垣。这时才把城垣外壁包上砖。正统元年(1436)到四年才建成九门城楼和桥闸、月城（平常叫瓮城）和箭楼等。城垣内壁也包上砖。各城门外立牌楼，内城四隅各立角楼。城外挖濠建石桥。嘉靖年间又在南边增修了27里的外城。修建北京城一直是"皇极用建，永固金汤"的大事。

全城以前门至地安门为中轴，正南正北，整齐如划。从1972年和1975年美国发射的两颗地球资源卫星在北京上方900多公里的高空拍摄的卫星照片上看，最为清晰的就数明代修建的内城城墙了。一般说来，城墙应修筑成方形的，我国的一些古城大都如此。可是北京内城城垣的西北角却不呈直角，城墙到了这里，却成了东北－西南走向的。这究竟是为什么呢？

长期以来，人们解不开这个谜。

有人说，从地形上分析，这是因为元时大都的北城墙，在现今德胜门和安定门以北5里处，至今遗迹犹存。它的西北角并无异常，是呈直角的。明代重修北京城，为了便于防守，放弃了北部城区，在原城墙南五里处另筑新墙。新筑的北城墙西段穿过旧日积水潭最狭窄的地方，然后转向西南，把积水潭的西端隔在城外，于是西北角就成了一个斜角。明初时，积水潭的水远比现在要深得多，面积也大得多。为了城墙的坚固和建筑的需要，城墙依地形而呈抹角是合乎情理的，所以这种观点被很多人所接受。

第二种说法是，从国外卫星影像分析，北京城西北角既

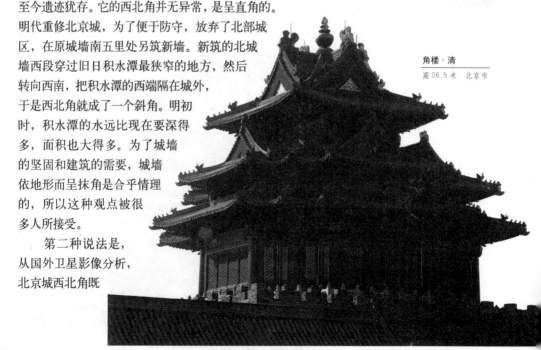

角楼·清

高26.5米　北京市

68

有直角墙基的影像，又有斜角的墙基影像。这两道墙基的夹角为35到36度，正东正西墙基线正位于元代海子西北端北岸附近，和东段城墙在同一纬线上，这说明这里确实曾修过城墙。可是为什么没有修成呢？通过卫星影像还可以看到，从车公庄到德外大街有一条地层断裂带，正好经过城的西北角与那段直角边斜向相交。现在的北京城是明朝永乐年间修建的，建城时北京城四角都是直角。但明清两代，北京及其附近地区经常发生强烈地震，每次地震北京城西北角从西直门到新街口外这段城墙都要倒塌，虽经多次重修，但无论建得怎样坚固，总是被地震震塌。经风水先生察看，原来地下地基不牢，可能有活断层。皇帝陛下不得不屈服于地震的威力，决定将西北角的城墙向里缩小一块，避开不稳定地段。以后北京地区又经历几次地震，再没有倒塌。这就是为什么缺一个角的原因。

京师生春示意图·清·徐扬

纵 255 厘米，横 233.8 厘米
北京市故宫博物院藏
作于清乾隆三十二年(1767)的这幅图画带有相当明显的欧洲风格，从正阳门外大街画起，紫禁城、景山、西苑、环岛皆在一幅之内。从这幅图中可以发现北京城西北角的建制。

中国考古未解之谜

明代北京市街图

第三种说法是，北京城处处的设计都有含义，其中不修全可能是因为上天的暗示。如紫禁城这个名字取自紫微星垣，紫微星垣系指以北极星为中心的星群。古人认为紫微星垣乃是天帝的居所，而群星拱卫之。所以自汉以来皇宫常被喻为紫微。为佐证这个说法，紫禁城内特意设有 7 颗赤金顶（分别是五凤楼 4 颗，中和殿、交泰殿、钦安殿各 1 颗），喻北斗七星。有七星在此，谁能说不是天上宫阙？所以北京城墙缺一角必然有什么含义。其中就有这么一个故事，在明朝初年，燕王修建北京城，命手下的两个军师刘伯温和姚广孝设计北京城的图样。他们俩在设计的时候，不知为什么眼前都出现了哪吒的模样，他们很害怕，哪吒说不用害怕，我是上天派来的，告诉你们要如何建造都城，你们按我手中的图建造吧。于是两个人就都各自照着画了。姚广孝画到最后，吹来了一阵风，把哪吒衣襟掀起了一块，他也就随手画了下来。

后来建城的时候，燕王下令：东城照刘伯温画的图建，西城照姚广孝画的图建。姚广孝画的被风吹起的衣襟，正好是城西北角从德胜门到西直门往里斜的那一块，所以至今那里还缺着一个角呢！

北京城墙缺少一角是因为上面哪个原因，或者都不是，不得而知。不过令人叹息的是，北京城墙现在都被拆除了，有人说那是一个始终会让人后悔的决定。

Xiao shi de cui can wen ming

消逝的
璀璨文明

北京人 失踪谜案

周口店全景

北京市房山区
因20世纪20年代
出土了较为完整的
北京猿人化石而闻
名于世，成为古人
类研究史上的里程
碑。在周口店发掘
出的大量人类化石，
为研究人类早期的
生物学演化及早期
文化的发展提供了
实物依据。

北京猿人遗址位于北京西南约50千米的房山区周口店村西部的龙骨山上。远在60万年前，古人类就生活在这里，在这片土地上留下了他们的印迹。他们创造了旧石器文化，至今还能找到他们的使用过的工具。1987年还被联合国列入"世界自然与文化遗产"名录中。可惜的是时至今日"北京人"化石还下落不明，成为一大谜案。"北京人"究竟到哪里去了？

1929年12月2日下午，考古工作者在经过漫长的期待和挖掘后，终于得到了一个完好的古人类头盖骨化石，这是一个震惊中外的发现。随后，经过多次发掘得到的头骨有5个，下颌骨15个，牙齿150余枚，少量的肢骨，这些人骨化石分属于几十个不同的个体。此外还掘得7万余件石器，虽然都是些非常粗糙的打制石器，往往就是原始人抓起石头一摔，摔出几瓣有锋利边缘的石头，这些石头就称为打制石器。

北京人化石发掘出来后一直存放在北京协和医院地下冷藏库中。但是，1937年日本发动全面侵华战争。外国考古专家呼吁决不能让北京人化石落入日本人手里，而日本人早就想把化石据为己有。于是，国民政府就和美国达成一致意见，把化石运往美国保存，战事结束后再运回中国。时间一直拖延到了珍珠港事件前期，北京猿人化石才从协和医院调出并装箱运往美国大使馆，而后由美军军舰运输完成此项任务。然而，不幸的是军舰在来中国的途中竟然撞上了暗礁，沉没于海底。后来日军在秦皇岛找到了运送存放猿人的箱子，不过，令人惊奇的是箱子竟然是空的。为什么会是空的，化石哪儿去了？一直到现在都没有找到。

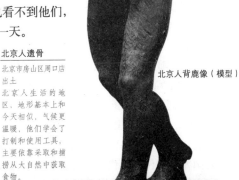

北京人头盖骨
高2.1厘米，宽2.4厘米
北京市房山区周口店出土
CHUCHUTU

有人说肯定是早被日本人夺去并暗地藏起来，对外便说失踪了。考古学家们因此念念不忘，有人多次到日本探查化石的下落，不过却毫无所获，也许是因为私人的暗访太多的局限。战后，日本成为战败国，被美军控制，美国于是也在日本寻找，最后也未果而终。化石藏于日本的可能性很大，但为何至今没有任何消息，日本人难道会把化石埋到地下？

第二种说法是被美国人得到了。据说美国人早就知道日本对此也有非分之想，于是先一步做了手脚，然后就栽赃日本人。美国人有充分的时间和极佳的机会进行偷梁换柱。"北京人"装箱后就运往美国大使馆，等待军舰来运输，这期间美国人搬出真正的化石隐藏起来或另外秘密运到美国，用一个空箱子诱惑日本人去抢，最后是顺理成章的"北京人失踪了"。还有一说与美国有关的是，最终美国人也没有得到，而是沉入海底了。美国人偷梁换柱，得到"化石"后暗暗装上了哈里逊号游船，而此船也没有成功抵达，在太平洋中遭袭遇难，永远沉入海底。

中国考古未解之谜

第三种说法是"北京人"最终不是落入哪个政府手里，而是被个人得到了。仔细推敲，为何多方探寻至今无果，所以此种说法是除了最惨的沉入太平洋一说以外，最有可能的一个。只有被个人得到秘密隐藏才会如此杳无音信，而政府得到肯定会加以研究利用，会透露出消息的。很多人都可以怀疑，甚至也有可能被文物贩子、江洋大盗偷了。然而无奈的是北京人化石从此就没现过身，也就没有任何线索。

也许哪一天北京人化石突然出现，也许将再也看不到他们，这个谜案何时能解开呢，我们都期待国宝重现的那一天。

北京人遗骨
北京市房山区周口店出土
北京人生活的地区，地形基本上和今天相似，气候更温暖，他们学会了打制和使用工具，主要依靠采取和捕捞从大自然中获取食物。

北京人背鹿像（模型）

73

龙山文化
能证明炎帝黄帝战蚩尤一事吗

黄帝像

中华民族是龙的传人，又自称炎黄子孙，这是从何而来的呢？传说上古在黄河流域有个强大的部落联盟，其首领分别为黄帝和炎帝。黄帝姓公孙，名轩辕。蚩尤也是个部落首领，长有四个眼睛，三双手，而且还是铜头铁额，吃沙石为生，不过他不像别的部落臣服于黄帝和炎帝，而且兴师作乱，于是炎黄联军便与蚩尤不断地发生战争。最后一战，据《山海经》记载，蚩尤请了掌管刮风和降雨的神仙"风伯"、"雨师"前来助战，掀起了狂风暴雨扑向黄帝军队，同时又作大雾令炎黄联军不辨方向。这时黄帝也请来天上的女神，请女神止住风雨，作指南车以别四方，最后擒杀了蚩尤。

这段传说太神奇了，神奇得让人难以置信，所以有人说黄帝、炎帝、蚩尤是传说中的人物，不可靠，即使有，也可能只是一个部落的名称。有人说"黄帝他们原本就无其人，无其说"，一句话就否定了古代史书的记载。还有人热衷于从远古神话角度把黄帝等描述成非常怪异的形象。

那么炎帝、黄帝、蚩尤等是人还是神，炎黄战蚩尤一事是真的吗？史书记载纷繁复杂，无法说清楚。如果能有考古发掘的遗址来证明才最有说服力。

1928年在山东章丘龙山镇城子崖首次发现一处遗址，据考察时间为公元前二十几世纪。而后在山东境内和河南、陕西都发现众多类似的遗存，考古学界命名为龙山文化。龙山文化，泛指黄河流域中下游地区相当于新石器时代晚期的文化遗存，也有称为金石并用时代的。其命名缘由，是从首次发现地而来的。龙山文化内涵丰富，主要分布在山东境内，年代约为公元前2500年到公元前2000年；河南龙山文化，年代为公元前2600年到公元前2000年；陕西龙山文化，年代为公元前2300年到公元前2000年；其共性是：以农业经济为主，石

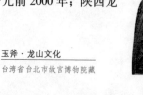

玉斧·龙山文化

台湾省台北市故宫博物院藏

器、骨器、陶器等手工业有了一定的发展，在某些遗址发现了铜器。揭开了青铜文化的序幕。

有人说龙山文化能证明炎帝、黄帝战蚩尤一事。我们对于商代以前的社会状况，因为没有文字的记载，了解很有限，基本上依据的是后人口耳相传的言说，没有确证。所以首先要看按人类社会的发展规律，说明传说中炎帝、黄帝所处的历史时期，是否有可能发生这样的事件。根据人类学、历史学的研究结论，人们在原始社会早期，不可能发生战争。人类社会的发展过程，首先由猿变成人，经过漫长的年代学会制造和使用工具，且这方面能力渐渐不断提高，从而人们的生活得到改善，不用过茹毛饮血、食不果腹的日子，于是人口迅速增加，社会组织发展起来，最早产生的形式是动物式的群落，而后变为有血缘关系的部落。发生战争的前提是有大量剩余产品的出现，于是氏族首领就可能利用特权占有多余的产品，产生贫富分化。不同的氏族、不同的部落间也因通过战争可以掠夺其他部落的剩余产品，而且战俘在初期是全部杀掉，后来认识到可以强迫战俘劳动，这就是最早的奴隶起源。

黄帝战蚩尤图

中国考古未解之谜

龙山文化能否证明哪个时期我们的祖先有可能爆发大规模战争，据学者研究，龙山文化之前还是母系氏族社会的仰韶文化。那炎帝、黄帝所处的龙山文化时期是女性主导的母系氏族，还是以男性为主导的父系氏族？

这个问题关系到炎帝、黄帝战蚩尤的可能性。在农业没有发明以前，人们是依靠狩猎和采集来维持生活的，那时候，男子负担猎取禽兽，捕捉鱼类；妇女负担采集野生植物的果实和块根。后来，在长期的采集活动的实践中，妇女们逐渐掌握了种植野生植物的技术。这样，就发展了初步的农业生产，仍旧由妇女来经营。那个时期，妇女在生产上和社会生活上居于支配的地位。因此，那个时期的氏族公社，称为母系氏族公社。经过人们世世代代的劳动，农业和饲养家畜逐渐发展了，代替了狩猎活动和采集活动。社会的生产力发展到这个阶段，繁重的农业劳动和饲养家畜的劳动，逐渐由男子来负担。男子在社会生产上越来越比妇女起着更大的作用，最后完全代替妇女成为社会生产的主要力量。在社会生活中，男子也逐渐居于支配地位。这样，氏族公社内部发生了深刻的变化——从母系氏族公社过渡到父系氏族公社了。

农业和饲养家畜的发展，把原始社会从母系氏族公社推进到父系氏族公社阶段。龙山文化是父系氏族公社时期的一种文化，就是根据这种情况来判断的。只有到了父系氏族阶段，生产发展，出现贫富分化，原始社会的平等被打破，大规模战争才可能发生。考古发掘的事实证明，黄帝所处的龙山文化时期，确实是原始社会开始瓦解，奴隶社会渐渐形成的父系氏族时期，发生部落间的战争是完全有可能的。

依据这种解释，黄帝、炎帝是上古的部落首领，为掠夺财富，扩大势力范围与以蚩尤为首的另一部落发生冲突，于是灭了蚩尤。史书还记载，黄帝当时对不服从他的部落都实行征伐。后来，因为利益争夺，黄帝与其同族兄弟炎帝也发生了一场大战，最后以炎帝失败而告终。

这种说法比较有道理，至少说明这个传说有一定的可信性。不过，炎帝、黄帝战蚩尤具体如何，黄帝、蚩尤是什么样的人仍然没有得到明确的解答，依然是个令人迷惑的传说。

内壁打磨光滑，施有黑地陶衣，然后用朱红色绘出蟠龙纹，龙的尾部已漫漶不清。整个龙的造型由盘的形状而决定，这种手法在此后的历朝历代都得到发扬并传承至今。商代的青铜器中往往可以发现与此盘异曲同工的作品。

这件盘出土于具有典型龙山文化特征的山西省陶寺遗址的贵族墓葬，代表了龙山文化中晚期的社会水准及艺术水准。此外，从中也可以透露出作为中华民族象征的龙的形象在相当早的时候已成为中国社会权力的代表，并成为人们广泛的一种信仰。

蟠龙纹盘·龙山文化

径40.7厘米，高9厘米
山西省襄汾县陶寺遗址出土
龙的形象在龙山文化之前已经出现。但直到此时，它才真正成为城邦（国家）的图腾，并延续至今。

龙身上的这种纹饰在中国一直流行下去，影响很大。特别是在战国时期，这种纹饰被发挥到一种极致，尤其是在南方的楚墓中，经常可以看到这种装饰手段。

玉笄·龙山文化

山东省临朐县朱封出土
工艺精细复杂的玉笄是
龙山文化中出土玉器中
的佳作，在当时只有高
级的贵族才能佩带这样
华丽的饰品。

蛋壳高柄杯·龙山文化

高 26.5 厘米
山东省日照市东海峪出土
最能代表龙山文化制陶业的
高超水平的就是这种如蛋壳
一样薄细的黑陶器物。

陶寺墓地·龙山文化

山西省襄汾县陶寺龙山文化墓地

三星堆文化之谜

  三星堆遗址位于四川省广汉市南兴镇北，这里有一条古河道叫"马牧河"，河道北岸的阶地形似月牙，人们便给它起了个美丽的名字——"月亮湾"，而三星堆则得名于河道南岸的 3 个大土堆。三星堆遗址的最初发现，是非常偶然的。1929 年 2 月的一天，家住广汉市太平镇月亮湾的燕氏父子在浇灌农田的过程中，锄头锄到了一块石板，他们满怀惊奇地撬开石板，竟发现了满坑光彩夺目的玉石器。不懂文物的他们却肯定这是宝物，于是燕氏父子便在深夜偷偷将一共 300 多件玉石器取出，搬回家中。过了一年，燕氏父子见周围并无异常反应，为了谋利，他们便携带这些玉石器到城市的少城路——以前最大的古董市场去卖。据说这些被他们变卖的玉器至今仍下落不明。如此多的罕见之宝涌入市场，一时间，广汉玉器在古董商和古玩家之间炒得沸沸扬扬。大批所谓的"淘金者"纷纷涌向月亮湾，去寻觅宝物。

  三星堆遗址能以真面目示人也得益于一个机缘，就在燕氏父子出卖那些玉石器的时候，也带了一些送给当地驻军旅长陶宗凯。此人乃一介武夫，对古董一无所知，但他找到了当时在华西大学地质系任教的葛维汉先生，请他帮助鉴别。葛维汉先生来自美国，对古董有所研究，他看到这些玉石器后，眼前为之一亮，没想到如此精美的玉石器也会出现在西南地区，他初步认定了这些玉器是周代礼器，是稀世珍宝。就在 1933 年秋，葛维汉先生与同是华西大学教授的林铭钧先生、戴谦和先生等人组成了对三星堆遗址的考古发掘队。考古队在发掘中，发现了许多陶器、石器、玉珠、玉圭等稀世珍宝。1936 年，考古队将发掘所获加以整理分析，在《华西边疆学刊》上发表了《汉州初步发掘报告》的文章。在报告中，把有关遗址文物称之为"广汉文化"。不幸的是，第一次发掘工作仅仅持续了 4 年，就被 1937 年开始的日本侵华战争阻断了。

  第二次正式的发掘工作开始于 20 世纪 50 年代初期。为配合

青铜立人像·三星堆文化

像高 172 厘米，底座高 90 厘米，通高 262 厘米
四川省广汉市三星堆出土
这尊青铜立像是三星堆青铜器的代表作，是三星堆最大一尊铜像，也是迄今发现的最大的一座青铜人像。这尊铜像应为巫师的形象。

宝成铁路的建设，考古学家们又一次来到了月亮湾进行考古调查，继续十余年前对遗址的勘探。他们采集了大量石器和陶器标本，根据初步考证，他们确定该遗址可能是西周时期的古遗址。1963年的一次规模较大的发掘是由四川大学历史系考古学教授冯汉骥带领他的学生进行的。他们来到月亮湾的高地上，极目远眺，顿感这是一个不凡之地。冯先生深有感慨，他认为这里极有可能是古代蜀人的"都城"。后来的考古发掘证明了他的预言是正确的。

戴黄金罩青铜像·三星堆文化

横径16.7厘米，纵径21.4厘米，高48.5厘米

四川省广汉市三星堆出土

由铜头像和金面罩组成。倒八字形眉，丹凤眼，蒜头鼻，鼻梁直。阔口，闭唇，长条形耳郭，粗颈。金面罩用金箔制成，大小、造型和铜头像面部特征相同，双眼双眉镂空。古代蜀人将黄金制成面罩作为青铜人头像的面部装饰，更是古代蜀人的杰作。

太阳形器·三星堆文化

径85厘米

四川省广汉市三星堆出土

古代蜀人以鸟为图腾，凤鸟和太阳神鸟在其精神观念中占有特殊的地位。这件太阳形器应是在举行祭祀活动时使用的供奉之物。

1980年，在全面发掘条件成熟的情况下，由四川省文物管理委员会组织的对三星堆遗址抢救性的发掘全面展开了。这次历时3个月的发掘，收获颇丰，不仅出土了不少的陶器、玉器、石器，并且还发现了大量的房屋基址和4000多年前的墓葬。这些陶器、石器让人们了解了4000多年前古蜀人的文化特点，从而也从它们身上见识到了古蜀文化和古蜀人的生活方式。在这次成功发掘的激励下，考古学家们锲而不舍、继续前进，试图进一步揭开古蜀王国之谜。1986年7月23日凌晨2时30分，他们又有了一个重大收获。考古学家以竹签为工具，在谨慎的挑土过程中，发现了

祭祀坑

四川省广汉市三星堆出土

三星堆商代文化遗址1号祭祀坑长4.4米，出土了为数众多的玉器、陶器和青铜器等。

一小点在灯光照耀下闪闪发光的黄色物体，他们耐住性子，继续挑土，不一会儿，黄色物体显露的面积越来越大，还显出花纹来。先是一尾雕刻逼真的鱼映入眼帘，接着人们又发现了一只振翅欲飞的小鸟。这弯弯曲曲的黄色物体不断地延伸，竟长达一米多，令人惊奇的是，上面除了刻有鱼、鸟纹外，竟然还刻有一个王者之像。考古人员将这一发掘物称为"金腰带"。意识到此发现非同小可，他们立即向政府请派军警保护现场，局面得以控制后，考古人员才公开了发现古蜀王"金腰带"的消息。一时间舆论哗然，三星堆又一次成为世人关注的焦点。继"金腰带"之后，大量的玉器、象牙、青铜器及金器也被陆续发现，尤其是青铜器中的各式人头像和黄金

面罩是中国考古史上的首次发现，具有十分重要的意义。

在考古人员不知疲倦的奋战下，一具具神奇的青铜面具，一件件晶莹剔透的玉器，闪闪发光的金鱼、金叶，离开了它们沉睡的泥土，发出了熠熠光辉。尤其是 1986 年发现的两座器物坑，它是三星堆遗址的代表，它的发现令世人瞩目。其中一号器物坑位于三星堆土堆南侧 100 米左右，坑是一个口大底小的长方形，坑内大概有 400 多件文物出土；二号器物坑位于祭祀坑东南，相距大概 20 米，是一个坑壁稍微有些倾斜的长方竖穴，从这个坑里出土了 439 件青铜器，131 件玉石器，此外还有骨、象牙等器物。这些 3000 年前的青铜人像雕塑，在中国古代文明史上十分罕见，在东方乃至世界艺术史上都占有十分重要的历史地位。那件大型青铜人像的发掘，填补了美术史上商代大型雕塑的空白，它总体身高将近 3 米，是目前为止发现的几尊最大的青铜铸像之一。人像面部的器官雕刻得栩栩如生，头上还戴着用羽毛装饰的发冠。它手臂的动作好像是在进献贡品，人像身着饰有巨龙、云雷、人面花纹的衣服，看上去十分华丽。无论是从它的面部表情、身体动作，还是衣着来看，都体现了浓厚的宗教色彩。因此，有的专家推断这个青铜大立像可能是一个象征着王者的"司巫"。在二号祭祀坑还出土了 41 件铜人头像，它们的大小、面部比例、神色与真人非常接近，大概也是反映了巫师的形象。

在这两座器物坑中，人们还发现了一种被专家称为有"不死"或"通天地"功能的神树，那就是用青铜器制作的铜树。其中最大的一棵，高近 4 米，由树座、主杆和三层树枝组成，体态挺拔，装饰十分精美。树下底盘为圆环形，上有一个描绘着云气状花纹的山形树座。高大的树杆一共有 3 层，一层向外伸出 3 根枝条，每一根枝条上都站立着一只鸟，枝端挂着一颗桃形的果实，十分精巧。除此之外，更让人称奇的是，在树座下面背朝着树干跪着 3 个人像，他们的表情十分威严庄重，

青铜面具·三星堆文化

高 82.5 厘米，宽 78 厘米
四川省广汉市三星堆出土
这件硕大的青铜面具面部呈长方形，两耳向两侧展开，倒八字形长刀眉，臣字形眼，鹰钩鼻，阔口，露舌，方头，额饰成勾云状，可能用于古蜀王国举行盛大的祭祀活动，象征蜀王或群巫之长。

愈发使神树显得神圣无比。这棵神树是目前世界上发现时代最早、形体最大的一株，据推测，后世兴起的"摇钱树"可能就是在此基础上发展而成的。两座器物坑中除了青铜人像和铜树外，还有玉石器和青铜礼器也是颇为重要的。出土的玉器，其中一部分像斤、斧、凿、刀、锄、舌形器、椭圆形穿孔附饰等，具有浓厚的地方特色，很明显是当地人制造的、蜀人本来就有的玉器；而另一部分像玉璋、玉琮、玉戈、玉瑗等，它们的制造则体现出中原文化的影响。

三星堆遗址重新出现在世人面前，它的社会影响和学术意义是十分重大的。英国《独立报》曾以《中国青铜像无与伦比》为题发表文章，称三星堆青铜像是"古代最杰出的艺术制品"，而这次大量的青铜文物的出现，也将使人们对中国金属制造的认识上升到一个新的高度，让我们感受到了一个高度发达的早期蜀王国文明的无穷魅力。从对三星堆遗址的研究来看，商的势力和商文化的影响确已达到了成都平原。虽然过去专家们在研究殷墟卜辞时也曾发现有"征蜀"、"伐蜀"、"至蜀"的记载，然而遗憾的是，由于人们怀疑商王朝根本无力攻入像四川这样的遥远之地，所以这些记载以前并没有引起人们足够的重视。至于商文化是如何从遥远的中原地区传入四川的，专家们提出种种推测，著名历史学家李学勤先生经过考察三星堆出土的若干青铜器，认为商文化可能是在向南推进的过程中，经由淮河流域，穿过洞庭湖，沿着长江流域逐步发展到四川地区的。

历史渐渐离我们远去，惟有在这些遗迹和遗物中，我们才能探寻到过去的讯息。当然，我们从中所感受到的只是一个早期蜀王国灿烂文明的物质表现，至于它那深厚的文化底蕴和神秘的青铜艺术则需要我们慢慢地去品味、去欣赏。

中国考古未解之谜

巴人王朝为何湮没

    提起"巴人"也许会让人感到陌生，但只要想起四川一带又称"巴蜀"和"阳春白雪，下里巴人"这一著名典故，可能头脑中会有一朦胧印象——巴人不就是居住于我国西南的古老民族吗？是不是喜欢浑身涂上油彩，头戴羽毛，跳奇怪舞蹈？也许你还会有落后、蛮荒的感觉。其实这种印象是不完全对的，神秘的巴人早在公元前十几世纪就有可以与中原强大的商王朝相媲美的青铜文明。巴人祖先和黄帝是同一支，还是独立地创造长江文明的源头？曾经极其辉煌的巴国社会生活状态怎么样，最终又为何湮没？对此人们有不同的猜测。

    巴人起源于湖北清江下游长阳的武落钟离山。巴人为夺取盐业资源曾与以"盐水神女"为代表的某个母系民族展开争战，并赢得了战争。这是巴人与盐的第一次结合。其后，"巴盐"与"盐巴"在三峡一带上演了一场横贯数千年的大剧。巴人领袖廪君战胜盐水神女后，在清江边（清江古称夷水）建筑夷城，建立了巴王国。这是一个奴隶制国家，是巴人建立的第一个巴国。巴人以虎为图腾，好鬼神，实行祖先崇拜，廪君则是他们最伟大的祖先。在以后的历史中，巴国的军队参加了周武王伐纣的联盟军，成为前锋部队，戴着百兽面具，跳着"巴渝舞"冲锋陷阵，打败了殷商军队。战后巴人受封子国。这就是《华阳国志》中所称的"巴子"、"巴子国"。此后，巴国在楚国和秦国两大强国的夹缝中艰难求存，节节退守，终被秦国所灭。

    对于巴国的文明，有人说是同黄河文明并列的长江文明的源头。巴人在湖北的生活有个漫长发展过程，独自由原始氏族形成众多部落，再到后来组成5个核心部落"巴、樊、覃、相、郑"，他们在很长的时间里平等相处、无君臣之分。当各部落不断壮大，终于到了需要一个君主统领联盟的时候——"乃共掷剑于石穴，约能中者，奉以为君。"廪君胜出，成为巴人领袖，由于团结，从此强盛起来。而后在长期的发展中，迁入四川，在险山恶水中，独自产生了高度的物质文明和精神文化。在迄今发现的巴人许多文物上，都有着被专家们称之为"巴蜀图语"的刻画符号，动物的、植物的、人物的、奇特的造像，古怪的印痕，这究竟是发源于巴人原始的艺术灵性，还是大自然神秘莫测的烙印？是装饰品还是占星术？

象首耳兽面纹·西周

四川省彭州市竹瓦街出土
这件巴蜀文化的代表性青铜礼器出土于四川省彭州市竹瓦街，现藏于四川省博物馆。

至今仍是一个难以破译的悬念。不过可以肯定这是巴人的精神文化创造，是否是早期的文字呢？史学界一度曾认为巴国只是个好斗的邦国，但却发掘出了"礼乐"用的编钟，显示了巴国具有完整的礼乐制度，而且采用高超的饰金银工艺。出土文物中还有造型奇异的随葬兵器，柳叶型的青铜剑，荷包型的青铜钺。巴国还有独特的生活方式、风俗，如至今让人迷惑不解的"船葬"和"悬棺"。巴人确实创造了高度发达的文化，虽然最后被秦所灭，但早在灭亡的8个世纪前就与西周并流，共同汇入华夏文明的发展轨道。

但有人持不同意见，认为巴人在廪君一统部落前就与中原黄帝关系紧密，巴人与中原华夏属同一来源，甚至认为是黄帝所统率众多部落中的一支。而且，与巴人并称的蜀国，据说和"夏"同出于黄帝之孙颛顼。巴国出土的大量精美青铜竟然与千里之远，被"蜀道难，难以上青天"的高山深谷相隔绝的殷商青铜器有完全相同的样式。因此巴国的文化并不是完全自生，而是与中原文明"本是同根生"。巴人与周代有关系比较明确，但是否与黄帝、夏、商有关系还是个谜。

巴国另一个未解之谜是巴人为何突然失踪了，在历史中毫无音讯。十数万巴人神奇失踪之谜，千百年来无数人为之苦苦追寻，试图找出谜底，但都是难得其解。

有人说，巴国被秦军灭后，其人口也被全部坑杀，这种说法也许更多是基于秦军的残暴和坑杀赵军20万之说上的猜测。

有人说，巴国人在灭国后，除死伤外都大规模迁移了。最近陕西商洛地区考古专家在探寻商洛900多个神秘洞窟起源时，又有了失踪巴人的惊人发现。据了解，商洛发现的神秘洞窟均面山、临水，故每每进洞，须越过湍急的河流。洞内呈长方形，四壁平整，人工开凿痕迹清晰。就目前已知的巴人习性而言，神秘洞窟的本身就与巴人在川生活有着许多相同之处。又发现了船棺葬的残存物，而且还有一些巴人文物相继出土。这些文物与三峡地区出土的巴人文物几乎如出一辙，其器具上的符号也惊人的一致。于是产生了一个大胆的猜想：一度失踪的巴人是否像陶渊明《桃花源》所描述的那样，为躲避战乱而隐居起来？神秘洞窟莫非是已经消失了的古代巴人的桃花源？

第三种说法是巴人并没有失踪，没有离开本土，巴人就是现在土家族的人祖先。从20世纪90年代中期开始，专家们利用DNA遗传技术试图分析古代巴人和今天土家族的关系，多次对三峡和清江流域一带的土家族人的血液和悬崖峭壁上的骨骸进行了基因对比实验。后来史料上之所以不见巴人，是因为巴国不存在了，也就没有人称呼巴人，而他们的后裔依然生活在这片土地上，形成土家族。考查土家族的生活方式、习俗与遥远的巴人的确很相似。不过这种说法也没有得到公认。

奇异的巴人王朝曾有过血与火的历史，在史书记载上无一不是与战争相关联，这是个伟大的王国，还存在太多的谜无法解开，让我们暂时无法进一步窥探巴人的奋斗历程。

虎纹钲·春秋

四川省广汉市出土

这件钲是南方地区特别是巴国故地的一种军乐器。由虎、星及图饰组成的巴蜀符号是巴蜀两国的文字，但直至今日，人们仍无法破译。

中国考古未解之谜

夜郎古国在哪里

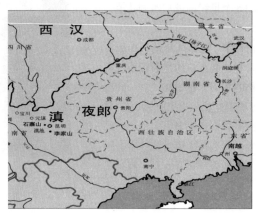

夜郎·滇国区域图

夜郎国因"夜郎自大"这一成语而家喻户晓，千百年来无人不知。

公元前28至前25年，夜郎最后一个国王"兴"举兵与周边诸侯发生战争，汉朝官员仅派使者去劝说。但夜郎王兴并不买账，还杀了使者，于是汉朝发兵灭了夜郎。夜郎国退出历史舞台，由于它的鼎鼎大名，现在许多地方争着说自己是夜郎古国的旧地所在，更使得这一问题迷雾重重。

首先是"贵州说"，认为夜郎国无可置疑的是现在贵州境内。《后汉书》中记录了夜郎国的产生："夜郎者，初有女子浣于月逐水，有三节大竹流入足间，闻其中有号声，剖竹视之，得一男儿，归而养之。"古夜郎民族以竹为图腾，贵州多竹，今境内的仡佬族、彝族、布依族等少数民族都有奉竹为神灵的习俗，不少地方还建有"竹王祠"。贵州省会贵阳简称"筑"，也是"竹"演变而来。从考古发掘来看，贵州也有众多证据。新中国成立后，在贵州境内不断有夜郎国文物被发现，考古工作者9次在赫章可乐发掘的200多座夜郎民族墓葬中的出土文物，足以支撑那里曾是古夜郎人居住中心区域之一的论断。

其次是"湖南说"，他们认为，史书中记载的夜郎文化均带有浓厚的楚文化气息，其国都应在楚地，并提出怀化西部属古夜郎发源地，而新晃县就是夜郎国的核心区域。

持"湖南说"的人认为，他们的观点并不否认，夜郎国也包含有贵州一部分，不过夜郎国的核心和起源是在湖南湘西，那里现在的民风同样有夜郎国的影子；还有人认为夜郎国的中心在四川、在云南。夜郎古国在哪里？依然是个未解之谜。

干栏式陶屋模型·西汉

贵州省赫章可乐西汉墓出土
西南地区典型的干栏式建筑模型，唯有檐下中柱的"斗拱"，是汉式建筑的特点，说明在西汉时期，少数民族文化和汉文化已有交流、融合。

扶桑国在哪里

唐代姚思廉所撰《梁书》中记载道：南朝齐永元元年 (499)，慧深和尚从位于中国东方几万里的"扶桑国"归来，这个国家因盛产扶桑木而得名。扶桑国，人们通常想到的是日本，还有"东渡扶桑"之说。不过一直以来都有人认为扶桑不是指日本，中国自古对日本的称呼为"倭国"。如果不是日本，那么扶桑国又是指哪里呢，东渡扶桑又如何解释？

持"日本"说认为，扶桑是中国远古传说中一棵与太阳有关的神木。《海外东经》记："汤谷上有扶桑。十日所浴，在黑齿北，居水中。"其中指明了扶桑的所在地，为"黑齿国"北。那么古东方历史地理中，是否的确有一个黑齿国？如果有，此国位置在哪里？经考查，在史书中确实有过这么一个地方，周成王时，即有黑齿国人献白鹿、白马。而据考证日本古民俗确有崇奉白鹿、白马的风俗，黑齿国所在地，就在今日的日本列岛上。

当时虽有称日本为"倭国"，而且同一部山海经也记载了倭国，但并不排除黑齿国也在日本诸岛上，因为"倭国"也只是个小范围的国家，当时代表不了全日本。明李言恭《日本考》记述，直到明代，日本贵族尚普遍流行染牙成黑齿为贵的风俗。他还记述了染牙方法。所以黑齿国在现在日本之内。

中国考古未解之谜

然而，近代广为流行的见解认为"扶桑国"与墨西哥有关。始倡此说的是法国人金涅，他于 1761 年提交的一个研究报告中说：根据中国史书，在公元 5 世纪时，中国已有僧人到达扶桑，而扶桑，他认为就是墨西哥(按金涅所说的中国史书，指《梁书·扶桑传》)。在中国学者中较早响应此说的是章太炎，他在所著《文始》中也认为扶桑即墨西哥。

后羿射日图·战国

湖北省随州市曾侯乙墓出土

此图是 1978 年随州市曾侯乙墓出土的一件漆器上的图画，画上绘有高矮两棵扶桑树，每个枝头有一日，高树上有两鸟，矮树上有两兽(一兽为人面)。两树之间，绘人持弓从上射鸟。据《山海经·海外东经》记载，这幅图画应是后羿射日的写照。

据说，所谓扶桑木，就是古代墨西哥人所谓"龙舌兰"。它到处生长，高达 36 尺。墨西哥人日常饮食和衣料等，无不仰仗于这种植物。在墨西哥北部地区，古代有巨大的野牛，角很长。这同样符合《梁书》的记载。

那么，慧深是怎样到墨西哥去的呢？根据慧深记录的航线，先向东北航行，然后转向正东，最后折向东南到达扶桑国，很明显，他是利用季候风和海洋环流到达了目的地。

如果根据文献描述而言，扶桑国指的是北美墨西哥倒更为可信，其风貌都能得到较好解释，不过慧深是否有能力出海到北美仍然是个疑问，所以扶桑在何地之谜至今仍没有解开。

楼兰古国是什么样子

楼兰遗址

新疆维吾尔自治区若羌县楼兰是塔克拉玛干沙漠中丝绸之路上繁荣的商旅驿栈和贸易中心之一。而今天都湮没在历史的黄沙之中，不过残存的遗址仍然表明昔日这里所拥有的辉煌。

"楼兰"，一个动听的称呼，犹如少女芳名。楼兰遗址在罗布泊西岸，今天的新疆若羌县。现在看来是满目凄凉、寸草不生之地，天上没飞鸟，地上没走兽。曾经在此地的楼兰古国有什么样的神秘，在其中发现的3880年前"楼兰美女"是谁？让我们一起来探寻。

公元6世纪唐代高僧玄奘取经回来路经楼兰，所见为"城郭岿然，人烟断绝"。可知这时候，楼兰已经是个空城了，仅剩下雄伟的城郭。随着自然的变迁，7世纪楼兰所在的整个罗布泊都变成荒漠，楼兰古国也湮没在千里黄沙中，一度被人忘却，人们甚至怀疑历史上是否曾有过这个国度。时间一年又一年，尘封的王朝丝毫没有向世人展示她美丽容颜之意，不断地在身上累积厚厚的尘土。

1900年，瑞典探险家斯文赫定率领一支探险队来到塔克拉玛干罗布泊一带。由于带路的向导爱尔迪克的迷路，他们在孔雀河下游偶然发现一座神秘的古城遗址。第二年，这支队伍再次来到这片不毛之地。这次探险，他们揭开了世界考古史上楼兰文明的序幕。经过数天的发掘，在古城找到钱币、陶器、丝织品、粮食，以及几十张写有汉文的纸片、100多片竹简和几管毛笔。通过与中国历代有关楼兰古城的文献作比较，考古学家认为这些文物都属于楼兰文明，从而确定这座被湮没的古城就是楼兰。埋在沙漠中的古城终于重现于世！

一个充满神秘色彩，并略带伤感的文明也由此向世人敞开心扉。通过那依然严整的古城建筑遗址，

如来坐像·汉晋

新疆维吾尔自治区若羌县楼兰遗址出土

如来像及菩萨立像·汉晋

新疆维吾尔自治区若羌县楼兰古城遗
址第五号旧寺院出土

这是一件装饰木板浮雕，1901年，被
西方考古学家发掘出来，现藏瑞典斯
德哥尔摩市国立民族学博物馆。

数量众多的石器，做工独特的铜铁器，充满异域风情的饰品以及饱经沧桑的古代文书，楼兰又将昔日的繁荣昌盛再现于世。

令考古工作者费解的是：楼兰古国是如何从一个繁华的城邦湮没于沙漠中，并最终成为一所神秘的死城的？楼兰在消失了1000多年后，究竟发生了怎样的变化？"青海长云暗雪山，孤城遥望玉门关。黄沙百战穿金甲，不破楼兰终不还。"这是著名的唐诗《从军行》。在这首诗中，楼兰作为一个重要的军事目标出现。事实上，楼兰是汉代西域的一个小国家，它位于塔克拉玛干沙漠的东部。据说，它曾经是一个繁荣富庶的国家，地理位置优越，地处"丝绸之路"要道。中国古代文献中也有关于楼兰的许多记载，最早的是司马迁的《史记》。这些记载，大部分来源于张骞通西域经过楼兰回国后的叙述。汉代的一条丝绸之路要经过楼兰古国，楼兰也因此成为中原与西域各国交通往来的枢纽。到汉朝时，它改名鄯善国，成为西域重镇；三国时期，成为魏属国；西晋时期，封鄯善王为归义侯；到了公元4世纪，为零丁国所灭，至此，楼兰在历史上消失了。从1901年斯文赫定的初次发掘，到1980年中国考古学家的最新考察，这一系列活动都初步再现了楼兰古国的灿烂文明景象及其对沟通中西文化所起的重要作用。在遗址上发现的文物中，有许多古币，比如中国汉代的五铢钱，还有大量的器具用品，如丝织品、陶器以及漆木器。令人惊奇的是，竟然有公元初就已经被广泛使用的佉卢文，并且有希腊、罗马的艺术品，还有流行在中亚撒马尔罕、布哈拉一带的用窣利文字书写的纸片残件，波斯的地毯残片，以及具有罗马、波斯风格的壁画等等。所有这一切都无可辩驳地说明了楼兰古国在中西文化交流中的枢纽地位。

中国考古未解之谜

为了唤醒那沉睡已久的楼兰古城，开辟楼兰文明考古的新时代，1979年，我国新疆考古研究所组织了楼兰考古队，进驻楼兰古城。在这里，出土了4000年前的楼兰女尸，发掘了古城的建筑遗址，以及大量的石器、铜铁器、饰物、文书等等，往昔楼兰的繁荣仿佛又展现在人们的面前。

其中，最为著名的就是"楼兰女尸"。在通往楼兰的古老通道上，有一大批古墓，几

具完好的女尸就排放在一座座奇特而壮观的古墓里。这些女尸脸庞不大，下颏尖圆，高鼻梁，大眼睛，双眼微闭，神态安详，几乎个个是年轻貌美的姑娘。她们的赤裸身体以毛织布毯裹身，由起连接作用的骨针或木针点缀着，足下为做工精良的短统皮鞋。她们头上戴着帽檐为红色的素色毡帽，几支色彩斑斓的雉翎点缀其上，其美貌程度可想而知。同时，墓中还出土了大量的器物，有木器、骨器、角器、石器、草编器等。其中木器还有盆、碗、杯和锯齿形刻木。为什么这些女尸在这里沉睡了千百年还保存得如此完好？这些女尸是些什么人？这都有待于人们去深入地研究和考证。

与此同时，楼兰古城的建筑风格和技术也引起了人们的广泛注意。古城遗址东西长335米，总面积10万平方米。城墙采用夯筑法建造，大概是由于地域相近的原因，它与敦煌附近的汉长城相似。城墙的四方还有城门，城内有石砌的渠道。城区以古渠道为中轴线，分为东北和西南两大部分。东北部以佛塔为标志，西南部以"三间房"为重点，散布着一些大小宅院。

其中，东北部佛塔的外形如同覆钵，与古印度佛塔有几分相似。在佛塔附近，考古队发现了木雕坐佛像和饰有莲花的铜长柄香炉等物品。同时，许多钱币以及来自不同国家和地区的物品也被出土了。这一系列发掘从理论上验证了这里曾是"丝绸之路"上贸易的中继站，有过辉煌繁华的昨天。

西南部的"三间房"遗迹，是楼兰古城中用土垒砌的唯一现存的建筑遗址。考古人员在此清理出织锦、丝绢、棉布和小陶灯等物，还发现了一批比较完整的汉代文书。历史学界从文书的内容上判断，这里曾是一座个官署。在三间房西南的宅院遗址里，考古队清理出了大量的生活用品，如木盘、木桶，以及许多家畜的骨头等。这些具有重要生产和生活作用的器物，

楼兰遗址渔村遗址

新疆维吾尔自治区若羌县

都在无声地诉说着这里昔日的文明和沧海桑田。

　　无论楼兰留给了我们多少珍贵的遗迹，多少令现代人叹
为观止的不可多得的美丽，那曾经水流清澈、水土肥美的可
人绿洲，曾经令世代楼兰人眷恋的心灵家园，最终还是被无
情的黄沙吞噬了。难道楼兰古城的消失真的是一个现代人不
可推测的神秘力量所为？事实恰恰相反，从出土文物来分析
这个问题，考古学家指出，这一问题应当和富有神秘色彩的
罗布泊联系起来考察。古楼兰国气候湿润、植被繁茂，汉魏
时期的罗布泊就位于古楼兰遗址附近，当时北面的孔雀河与
南面的车尔臣河都汇入了塔里木河，然后经库鲁克河在楼兰
城注入罗布泊，罗布泊湖水孕育了楼兰城的文明。但是，由
于塔里木河流水携带大量泥沙沉积湖中，湖底逐渐淤高，终
于使塔里木河无法流入而另择流道，从而导致了罗布泊的干

花草纹织品·汉
新疆维吾尔自治区若羌县楼兰遗址出土

涸。4世纪时，由于罗布泊向北移动，使得楼兰城水源枯竭、树木枯死，往昔兴盛的城邦面
临着死亡的威胁，城内的居民们纷纷弃城远走，寻觅新的水源，而楼兰古国也随之渐渐消失。
除了河流改道、罗布泊缩小以至迁移造成了楼兰古国的消失之外，也有不少研究者猜测人为
因素与社会环境的影响也是一个重要原因。古楼兰的废弃以及城邦周遭的沙漠化产生，直接
与当时的居民兴修水利迫使孔雀河、塔里木河南流进行灌溉，造成了孔雀河、塔里木河改流
不再流入罗布泊相关联。由于中国历史上战争频繁，各民族的纷争不断，这也对当地人们生
产生活产生了重大影响。或许出于这种原因，楼兰古城最终如同其他湮没在荒漠之中的城市
一样，告别昔日的辉煌而消失了。

中国考古未解之谜

　　以上种种论述虽然提出了有关楼兰古城及其所代表的楼兰文明的一些假设，但是，关于
楼兰王国的衰退以致湮没的谜底并没有真正揭开。楼兰古国的居民究竟是哪个民族？在楼兰
衰落后，他们迁居何处？他们的后代又在何方？至今仍无人能够解答。

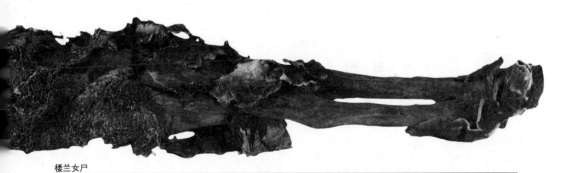

楼兰女尸

新疆维吾尔自治区若羌县
这具女尸已有3800年的历史。具有白种人特征。身着羊皮衣服和鞋子，头戴装饰着鹅羽的羊毛帽子。对这具有着4.9英尺高、40岁左
右的女性尸体检查表明，她的肺部被沙漠风尘和煤烟侵入。随着气候的变化，环境日益恶劣，这里的人们不得不面对那几百米高的流沙，
加之河流枯涸，居民开始迁移，最终楼兰如其他古城一样被风沙所湮没。

Mu zang de shen mi wang guo

墓葬 的 神秘王国

轩辕黄帝陵在何处

黄帝是我国原始社会末期一位伟大的部落联盟首领。黄帝姓公孙，因长于姬水，又姓姬。曾居于轩辕之丘（今河南新郑市轩辕丘），取名轩辕。祖籍有熊氏，乃号有熊。又因崇尚土德，而土又呈黄色，故称黄帝。司马迁所著《史记》记载："生而神灵，弱而能言，幼而徇齐，长而敦敏，成而聪明"，15岁就被群民拥戴当上部落领袖，37岁成为中原部落联盟的首领。轩辕黄帝一生历经52战，降服炎帝，诛杀蚩尤，结束了远古战争。由于轩辕黄帝为中华民族创造了丰富灿烂的文化，后世都尊称轩辕黄帝为"文明之祖"、"人文初祖"。黄帝死后，人们选择了"桥山之巅"，将他深深埋进黄土里，希望"黄帝灵魂升天，精神永远常在"。这就是今天海内外中华儿女拜谒的中华第一陵——黄帝陵。

黄帝像

不管黄帝众多传说的真伪，但黄帝陵却自古以来就有，黄帝陵在哪里呢？

第一种说法是黄帝陵位于陕西北部今黄陵县境内的桥山之巅。据《史记·五帝本纪》载："黄帝崩，葬桥山。"自秦统一六国后，历朝历代每岁祭奠黄帝陵持续不断，因此黄陵县境内的黄帝陵已经有很多各代遗迹。陵冢在桥山之巅。桥山有沮水环绕，群山环抱，古柏参天，有大路可通山顶直至陵前。山顶立一石碑，名为下马石，上有"文武百官到此下马"字样。古代凡祭陵者，均须在此下马，步行至陵前，陵前有一祭亭，亭中立一高大石碑，上有郭沫若题"黄帝陵"三个大字。祭亭后面又有一块石碑，上书"桥山龙驭"四字。黄帝陵冢在山顶平台的中央，陵冢高3.6米，周长48米。四周古柏成林，幽静深邃。历代政府对保护黄陵古柏都很重视，宋、元、明、清都有保护黄陵的指示或通令。据《黄陵县志》记载，桥山柏林约4平方千米，共6.3万余株。历朝历代政府为了表示尊祖，宣扬礼制，都会去祭祀黄帝，又因为此处陕西黄陵最早由秦始皇祭奠过，于是后来者都到此祭祀。不过很多人并不认同这就是黄陵所在地。

第二种说法是黄陵应在今河北省涿鹿县的桥山。

根据《魏土记》的记载："下洛城东南四十里有桥山，山下有温泉，泉上有祭堂。雕檐华字被于浦上。"（《水经注》）《史记·五帝本纪》载："黄帝与蚩尤战于涿鹿之野"；北魏著名地理学家郦道元所著《水经注·漯水篇》载"黄帝与蚩尤战于涿鹿之野，留其民于涿鹿之阿"，也有记载此处为"桥山"的介绍。涿鹿县的桥山，在今河北省涿鹿城东南20千米，它以山顶上天然形成的一座拱石桥而得名，海拔981米。在桥山附近的一道山梁上，还有一个巨大的四方石桌，传说是祭祀黄帝时在此摆设祭品的。石桌右侧有一峭壁，壁面平整，像一块巨大的石碑，上面布满与象形文字一样的图案。传说这是古人刻石记事而留下来的遗迹。我国古代有许多帝王到桥山举行祭祀活动。

第三种说法是黄帝陵在北京平谷区。明《顺天府志》卷一上记载："(北京)平谷区东北十五里，传为轩辕黄帝陵，有轩辕庙。"黄帝当时曾在北京附近河北涿鹿一带建都，死后又葬在这里。唐代陈子昂的诗说："北登蓟丘望，求古轩辕台。应龙已不见，牧马空黄埃……"李白亦有"燕山雪花大如席，片片吹落轩辕台"的诗句。南宋爱国丞相文天祥诗曰："我瞻涿鹿郡，古来战蚩尤，轩辕此立极，玉帛朝诸侯。"北京市文物研究所与平谷区文化文物局组织中国社科院、历史博物馆、北京历史研究所等单位的专家学者，到平谷区山东庄村实地考察这个村西的轩辕陵，并确认这座轩辕陵即是中华民族始祖黄帝之陵。不过认为这个陵和陕西桥山的黄陵一样，是黄帝的衣冠冢。

据说全国共有黄帝陵7处，甘肃、河南、山东、河北等地都有黄帝陵，哪一个是真的黄帝陵呢，轩辕黄帝陵到底在何处？这同黄帝的其他传说一样还没有答案。

黄帝陵冢

陕西省黄陵县城北桥山。西汉司马迁《史记》载：黄帝崩，葬桥山。故而历代帝王大都来此祭祖谒陵。黄帝陵相传建于西汉前期，北宋开宝五年(972)时移至现在的位置，此后历代屡有修葺。陵内有刻着"黄帝陵"三个大字的祭亭。整个陵墓高3.6米，周围48米。桥山下的黄帝庙大殿正中上有"人文初祖"巨匾，内有14株古柏，其中一株称为"轩辕柏"，据说是黄帝亲手种植的。

中国考古未解之谜

商代妇好墓的主人究竟是谁

梳短辫玉人·商
河南省安阳市妇好墓出土

殷墟是商王朝后期的王都，据文献记载，自盘庚迁殷至帝辛覆亡，历经8代12王。据历史学家确认盘庚迁殷为公元前1300年，武王克商年为公元前1046年，共有200多年，商王朝居殷最久是无可争辩的。按理，出土最多文物的就应为诸商王的陵墓了，特别是一些功勋显赫的商王，但可惜的是已发现的商王陵都被历代盗墓者洗劫，失去了研究的宝贵资料。直到妇好墓发现，一大批文物才得以面世。妇好墓位于当时小屯村的西北地，这里原是一片高出周围农田的岗地，1975年冬考古工作者对其进行考古勘探，在这一带用洛阳铲打孔钻探，几天后在钻一个孔时候发现土层有变化，工作人员马上兴奋起来，这预示着里面可能有遗迹。这时在场的人谁也没有出声，小心翼翼地向下铲去，在大概钻到6米深时候，慢慢向上拔铲，探铲提上来了，满铲都是鲜红的漆皮，漆皮就是腐坏的棺木，气氛顿时活跃起来，大家异口同声地说，是墓葬。

发掘结果证实，里面就是个藏宝库，这便是妇好墓。妇好墓保存完好，随葬品极为丰富，共出土不同质料的随葬品1928件，有玉器、象牙器、骨器、宝石器、青铜器、蚌器等，其中制作水平最高的是青铜器和玉器。青铜器共468件，以礼器和武器为主，礼器类别较全，有炊器、食器、酒器、水器等。尤为珍贵的是有诸多成套器皿，圆鼎12件，每组6件；铜斗8件，每组4件。还有成对的方壶、方尊、圆鼎；有的酒器竟配有完整的10觚、10爵。"觚、爵"为古代的青铜酒杯。

玉器类别比较多，有琮、璧、璜等礼器，作仪仗的戈、钺等，另有工具和装饰品。其中，玉人是研究当时人的发式、头饰、着装等的形象资料。各种动物形玉饰有龙、凤，有兽头鸟身的怪鸟兽，而大量的是仿生的各种动物形象，以野兽、家畜和禽鸟类为多，如虎、熊、象、鹿、马、牛、羊、鹦鹉等，也有鱼、蛙和昆虫类。

妇好偶方彝·商
河南省安阳市殷墟妇好墓出土
器顶采用当时常用的建筑形制"四阿式"，器表饰花纹、龙纹、三角形纹、人字形纹，铭有"妇好"字样，是商代王室的重器。

人们惊异于墓藏的奢华，感叹随葬品的精美和极高的艺术成就，于是疑问产生了，这个墓主人究竟是谁呢？肯定是个显贵无疑，那么又是哪个显贵？关于商代历史几乎没有记载，因为甲骨文的发现及释读，我们才可以得知部分情况。

从出土文物看，有部分铸有铭文，其中铸"妇好"铭文的共 109 件，占有铭文铜器的半数以上。其实妇好墓的发现正好解决了一个难题，因为专家们在此之前早就知道有"妇好"这个人。解读甲骨文的记载，妇好为商王武丁的妻子，是我国有文字记载的第一位文武双全的女将军。甲骨文中有关她的记录有 200 多条，属于数量相当多的。她曾率领 1.3 万多人的军队去攻打前来侵略的鬼方，并大胜而归，因功勋卓著而深得武丁、群臣及国民的爱戴。妇好终因积劳成疾而先逝，国王武丁予以厚葬，并修筑享堂时时纪念。

这个墓葬便是妇好的了，大量的刻有"妇好"的铭文器物，说明是她所有。而且墓室中发现兵器：商妇好大铜钺。钺主要是作为军权的象征。妇好墓出土了 4 件青铜钺。其中一件大钺长 39.5 厘米，刃宽 37.5 厘米，重达 9 千克。钺上饰双虎扑噬人头纹，还有"妇好"二字铭文。该钺并非实战兵器，而是妇好统帅权威的象征物。

虽然墓葬与甲骨文一定程度上相印证，认定墓主就是"妇好"，不过她又是什么样的人呢，甲骨文本身的记录也是让人无所适从。

有的甲骨片上说她是个大元帅，带兵镇压奴隶起义，辅助国王武丁南征北战；有的龟甲上说她是个诸侯，有自己的领地和供奉；也有的龟壳片上说她是商王武丁最宠爱的王后，武丁对她情深意笃，为她的怀孕和生子而焦虑。从这些发现上看，有人综合以后，说她是王后又有独立的领地，兼为一方诸侯。

可是后来发现的龟壳片上又出现了奇怪现象，有一些铭文中居然说她又嫁给了武丁前几代的君主，而且嫁了三个人！这令研究妇好的人们产生疑问：妇好到底是一个人，还是一类人的总称？为什么她在时间跨度长达 300 年间嫁给 4 个商王？于是原来肯定的墓主"商王武丁的王后"这个"妇好"，究竟是不是墓主，还是另有其他"妇好"？历史之谜解开一层，又显出一层。商代妇好墓主人究竟是谁？

妇好方斝·商

河南省安阳市妇好墓出土

曾国国君墓为何建在随国

擂鼓墩墓地
湖北省随州市

曾侯乙墓椁室（局部）·战国
湖北省随州市擂鼓墩

繁杂浩大的发掘

随县地处湖北省中北部，居长江之北，汉水以东，是江汉平原与中原之间的丘陵带。厉山，传说中为炎帝神农的家乡，即位于随县，这里至今遗留下了许多关于神农氏活动的踪迹，如神农洞、炎帝神农碑等。殷商时，随县是王朝的南土，这在殷墟甲骨卜辞上有清楚的记载。在西周时代，随县成为周天子所封同姓诸侯的领地。

彩漆盖豆·战国
湖北省随州市曾侯乙墓出土

1977年，中国人民解放军某部为扩建营地，在距随县县城西北约3千米处名为擂鼓墩的丘陵地带实施修建工程。施工人员因红砂岩坚硬，阻碍施工，就用炸药把红砂岩炸得粉碎，然后用推土机推平，结果，发现了褐色的软土，再往下则推出了青灰色的石板。施工人员立即停止施工，迅速向上级做了汇报。

经多方支持，考古发掘工作于1978年5月上旬正式开始。首先是清理填土，接着是清理填土下的石板。石板向下是褐土与青灰泥相间的夯层，再往下是竹网、丝帛、篾席，木椁也随着发掘工作的深入展现在世人面前。在木椁四周与坑壁的空隙里，填有大量木炭。

十六节龙凤纹玉挂·战国
湖北省随州市曾侯乙墓出土

考古人员和民工一铲铲地挖出木炭，共清理木炭 31360 公斤，至此，墓室的椁板全部暴露出来。发掘人员连续作战，至 5 月 30 日，淤泥清理基本完毕，发掘出的大批文物令世人为之一振。

地下奢华的寝宫

曾国为楚国附庸国，公元前 433 年，楚惠王专门为曾国君主曾侯乙制造了礼乐器铜钟。

地下寝宫的墓坑方向正南，墓口东西长约 21 米，南北宽 17 米左右，总面积为 220 平方米。坑内置有木椁，高 3 米左右，分为北、中、东、西四室，且均为长方形。其中中室面积最大，长约 9.75 米，主要放置整架的宗庙编钟、编磬和其他多种乐器，并有大量的青铜礼器。编钟靠近西壁和中室南部，其他随葬品的摆放井然有序，这充分反映了墓主人饮酒作乐的生活场景。

东室长 9 米左右，为墓主的"寝宫"，放置着墓主的特大型双层套棺和 8 具陪葬棺，以及 11 具葬宠物的狗棺。墓中人骨经鉴定，墓主人为男性，45 岁左右；陪葬的均为女性，年龄在 13 岁～25 岁之间，尤以 20 岁左右居多。这些应是曾侯乙生前的妻妾嫔妃。各室中面积最小的是北室，南北长为 4.25 米，主要放置大量的兵器、车马器、皮甲胄，有 2 件高 1.3 米、重 300 公斤的大铜缶用以盛酒，并有 240 多支竹简，简文记载的是用于葬仪的车马兵器，有自制的，也有赠送的。西室与中室并列，长 8.65 米，主要放置了 13 具均为女性的陪葬棺，除了极少一些玩具与服饰外，再无其他葬品。

6 月底，发掘工作基本完成，出土文物共有 7000 多件之多，如此众多的文物，令人叹为观止。其中乐器 1.2 万件，包括编钟 64 件；礼器、宴器 140 件，而兵器最多，共 4500 件，由此可一窥当时楚国强大的武力。如此众多的随葬品充分说明了墓主人曾侯乙的地位。

彩漆内棺·战国

湖北省随州市曾侯乙墓出土
由于外棺的保护作用，内棺保存得较为完好。但内棺顶部的丝绸已经腐烂，鲜艳的朱红漆在外棺被打开后，逐渐变成褐黄色。

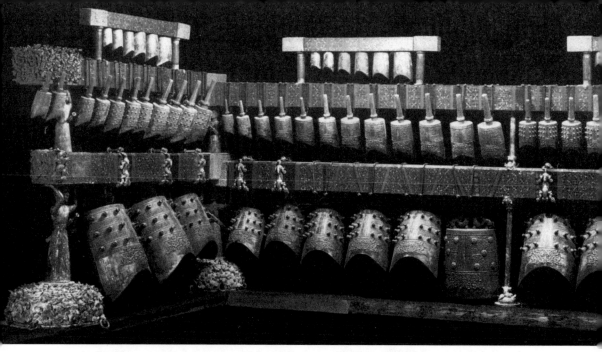

曾侯乙编钟·战国

湖北省随州市曾侯乙墓出土

春秋战国时期，统治者为显示等级差别，制作了青铜礼、乐器供权力阶层使用，并制定了相应的礼制，不同地位使用不同等级的器物。曾侯乙编钟的出土，证明了当时"礼坏乐崩"的现象已相当前普遍。

别具一格的手工制品

　　曾侯乙墓出土的青铜器器种数量之多、器型之大、铸造之精、纹饰之美、保存之完整，在历代出土的青铜器群中独占鳌头。这批青铜器的材料主要为铜、锡、铅合金体，铜占80%左右。出土的这些青铜器体积较大，重量较重，有5件超过了100公斤，另有两件大尊缶是迄今发现的东周时期最大最重的酒器。令人吃惊的是，铸镶法首次发现于曾侯乙墓的青铜器上。在出土的这些青铜中有一件造型精巧、结构复杂的尊盘。尊是一种盛酒器，盘则是一种盛水器，出土时，尊盘浑然一体，寓变化于整齐之中，达到了玲珑剔透的艺术效果。

　　曾侯乙墓出土的数量众多的青铜礼器和乐器在当时引起了轰动。这些编钟及其他古乐器的出土，是中外音乐史上的一大奇观。乐器或由青铜构件和木石构件混合组成，或由木竹制成，共125件（套）。其中的编钟，是目前中国出土乐器中规模最大、质量最佳、完整性最好、音律协奏性最高的顶尖精品。

　　曾侯乙墓共出土了5012件漆器，使用漆器的范围远远超过中原。曾侯乙墓出土的漆器彩绘和雕刻以鸟兽形纹、几何纹和龙形图案为主，大多是木制用品。这些用品包括衣箱、食盒、餐具、梳妆用品等，其中以5件衣箱和一件鸳鸯形盒的彩绘最为出色，透雕或浮雕以4件盖豆和1件禁器见长。春秋战国时期金银器极少，曾侯乙墓出土的一件金制酒器，方唇直口，浅腹平底矮足，双环耳名"盏"的酒器，是迄今出土的先秦金器中最大最重的一件，约2150克。

　　考古人员从墓主人尸骨周围清理出500多件玉饰品。曾侯乙墓出土的玉缕是一件16节的龙凤玉挂。整件玉挂集透、平、阴雕等玉雕技艺于一身，共刻有大大小小的37条龙、7只凤及10条蛇，皆栩栩如生，玲珑剔透，实为古代玉雕之精品。

鹤状怪禽台座·战国
湖北省随州市曾侯乙墓出土

永留人世的谜团

　　曾侯乙墓的发掘，带给了人们一个个谜团，如战国时期的曾国在我国古代历史上只是一个名不见经传的小国，为什么这个小国的国君墓能具有如此规模呢？如在周代，礼器的使用权是泾渭分明的，其使用具有严格的限制，不同等级的人只能使用与自己身份和地位相符的礼器。曾侯的级别算是很低的，按当时规矩只能用"七鼎"，而曾侯乙墓出土的礼器却完全不管这些，规格极高，几乎达到天子的规格了。

　　除礼器外，曾侯乙墓出土乐器也同样规格极高，这使不少学者怀疑墓主曾经是周天子执掌礼乐的"大乐"，只是目前为止还没发现充分证据可以支撑这种观点，更何况如果曾侯乙真是周的"大乐"，为何史书典籍中没有他的一点踪迹？不过，大多数学者不认同这种观点，他们认为这种现象不足为奇，因为众所周知，春秋战国时期正是"礼崩乐坏"的时代，周天子的地位已江河日下，越位现象的事情也屡见不鲜。

　　除了这个问题有争议以外，人们争论得最激烈的还是这个墓为何会在随县出现。因为，曾侯乙是曾国国君，而湖北随县在当时则属于随国，堂堂一国之君，怎么会在别国建自己的墓地呢？有学者认为，当时战国时代的随国其实就是曾国。确实，这种一国两名的现象在我国古代并不鲜见。如魏又称为梁、晋又称为唐、韩又称为郑等等。石泉先生的《古代曾国——随国地望初探》就详细论述了这一观点。

甬钟及铭文·战国
湖北省随州市曾侯乙墓出土

　　他指出："随国和曾国都是姬姓国，都是西周分封于江汉的诸姬姓国之一。就两国的地望来看，也是一致的。从宋代出土的曾国青铜器，到曾侯乙墓，都分布在随枣走廊一带，而且都是从南阳盆地迁入随枣走廊的。"这个说法，也是有一定说服力的。

　　但是也有的学者不同意此种观点，他们认为，在西周时期，曾就已经与随并存了，这在文献中是有明确记载的，说随国就是曾国显然是不合理的。

　　究竟哪种说法接近事实呢？看来，只有躺在墓葬里的曾侯乙最清楚！

中山王墓为何有众多的鲜虞族珍宝

玉人·战国
河北省平山县中山
王墓出土

公元前 770 年，周平王迁都洛邑（今河南洛阳），中国历史进入东周时期。东周分春秋和战国两个历史时期。春秋时全国共有 100 多国，经过不断兼并，到战国初年，只剩下十几国，大国有秦、楚、韩、赵、魏、齐、燕 7 国，即有名的"战国七雄"。除七雄外，并存的越、宋、卫、中山、鲁、费等小国后来也都被 7 国所吞并。

中山国是春秋战国时期北方少数民族鲜虞族建立的方国，位于河北省中部，因城中有山而得名。1978 年以来对中山王墓的发掘和对中山国都城灵寿城的勘探，揭开了中山国千古之谜。最令人叹为观止的是出土的文物诡异奇巧，是北方少数民族特色文化与中原文化融合的结晶，多为稀世珍宝，在世界各地展出时不断引起轰动。

1974 年，考古学者在平山县三汲乡的南七汲村发掘了 1 号、3 号、4 号、5 号和 6 号等战国时期的墓葬以及无数的车马坑和陪葬墓，发现了战国时期中山国的都城灵寿古城，而离城西 2 千米处的 1 号墓就是中山国王后的陵墓，结果发现挖掘的出土文物都具有北方民族的文化风格。

1 号墓和 2 号墓都有高大的封土台，其中 1 号墓保存较好，封土南北长 110 米，东西宽 92 米，高 15 米，成三级台阶状。台上有带回廊和厅堂的三层建筑。两座墓都有陪葬墓和车马坑。王陵的墓室结构基本相同，平面为长方形，中间为方形椁室，南北为两条墓道。其中 1 号墓的椁室用厚约 2 米的石块砌成，椁室内约有 4 层套棺。两个墓出土的随葬器数量惊人，总数达到 1900 多件，其中包括青铜礼器、乐器、生活用器、雕塑，以及玉石器、漆器、陶器等。

春秋战国时期，大量错金银器的出现，成为这一时期工艺水平高度发展的一个标志。北方少数民族地区出土的大量金银器工艺所体现的高度水平，令人瞠目结舌。

墓中出土的许多文物堪称艺术珍宝，比如错金银

错金银镶嵌龙凤形铜方案·战国
河北省平山县中山王墓出土

100

镶嵌的龙凤形铜方案，错金银的青铜动物形器座，镶银双翼青铜神兽以及牛、犀牛、虎噬猪等形象，形如大树的十五连盏铜灯和银首人俑铜灯等，这些器物的形制特点都是战国前期所没有的。尤其是翼龙、水牛座、犀牛座以及龙凤方案座等青铜镶嵌工艺品，其镶嵌的技巧和图案，与战国前期颇不相同，技艺精湛，造型生动，组合巧思，为其他镶嵌器物所难以比拟。

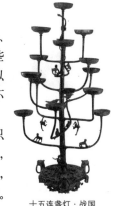

十五连盏灯·战国
河北省平山县中山王墓出土

如错金银四龙四凤铜方案，周身饰错金银花纹，下部有两牡两牝四只侧卧的梅花鹿环列，四肢蜷曲，驮一圆环形底座。中间部分于环座的弧面上，立有四条神龙，分向四方。四龙独首双尾。龙身蟠环纠结之间四面各有一凤，引颈长鸣，展翅欲飞。上部龙顶斗拱承一方形案框，斗拱和案框饰勾连云纹。此案动静结合，疏密得当，一幅特殊的龙飞凤舞图跃然眼前。

再如十五连盏铜灯，高 82.9 厘米，座径 26 厘米，重 13.8 千克。由灯座和 7 节灯架组成，全灯仿若一棵茂盛的大树，树干周围伸出 7 节树枝，托起 15 盏灯盘。每节树枝均可拆卸，榫口形状各不相同，便于安装。树枝上装饰着夔龙、鸟、猴等小动物，构思奇特，造型新颖。

中山陵墓作为处于北方地区的中山国陵墓，在铭文记述的资料和金银器工艺方面，向世人展示了中山国的历史与文化面貌。墓中出土了大量具有中原文化特点的文物，如青铜礼器、陶礼器等都与同时期的赵国、魏国墓葬出去的文物近似；有趣的是，它同时又出土了许多反映游牧生活的帐幕构件、巨大的山字形青铜饰件和动物造型的金银青铜饰品。

考古学家认为，中山国最早可能是北方民族鲜虞所建立的国家，所以有鲜虞族的器物在墓中。有些考古学家则认为，在战国时期，出现鲜虞族器物在中山墓中的原因，是由于不同民族长期的交往与共同生活，使得文化上的差异逐渐消失，中山国同其他列国一起经历了当时的民族大融合。

孰是孰非，还有待人们的进一步探索。

错银双翼神兽·战国
河北省平山县中山王墓出土
双翼神兽具有明显的北方少数民族文化风格，并带有波斯风格，铸造工艺及躯体上的纹饰则是中原地区的风格，集威武勇猛，矫健敏捷于一身，活灵活现。

101

汉景帝陵墓为何如此奢侈

大凡对历史教科书还有印象的人都应该记得西汉初年有一个"文景之治"。所谓的"文景之治"也就是指在汉文帝和汉景帝统治的40年中，汉王朝社会稳定，经济发展，百姓安居乐业。可以说，汉景帝在我们眼中是一位开明的贤君形象。

可是，随着阳陵，即汉景帝陵墓的初步发掘，这个观点却受到越来越多人的质疑。考古队不仅在阳陵中发掘出大批奢侈的随葬品，更令人震惊的是其陵墓南边发掘出数里长的殉葬坑！坑中尸骨不计其数，以千百计，很多骨骸的手脚上还戴着镣铐。如此众多的殉葬者是怎么回事呢？难道汉景帝竟然是一个嗜杀成性的人吗？

有人认为，这也许是当时的一种丧葬仪式，不值得大惊小怪。或者说是奴隶制时代人殉的残余。毕竟，西汉离人类野蛮时代并不遥远，我们不能用现在的标准来要求古人。

有人认为，这些人也许是建墓工人。朝廷怕他们泄露了机密，于是在陵墓竣工后就干脆把他们全部坑杀了。这种说法听起来也不是没有道理，历史上坑杀建墓工人的事并不鲜见，如秦陵的修筑就是一个例子。再加上很多人骨的手足上还戴着镣铐，说是做工的奴隶也并不矛盾。

有人认为，这些是战俘的尸骨。因为在景帝统治期间，曾发生过著名的"七国之乱"，也许是平定这场叛乱后，汉景帝为防止这些人东山再起，为保天下太平，就把这些战俘全部坑杀。地点刚好距离自己的陵墓不远，这也许是巧合，但也许是顺便就做了殉葬者，也能趁机显示自己的威仪。

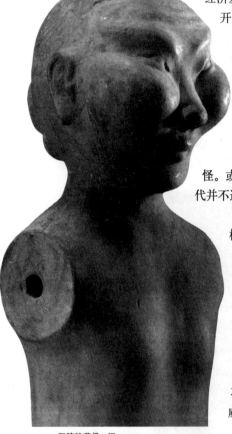

阳陵陪葬俑·汉
陕西省咸阳市正阳乡张家湾村北

也有人认为这些死难者既不是建墓工人，也不是战俘，而确实就是汉景帝显示自己尊贵地位的牺牲品，是纯粹意义上的人殉。他们还从史料上考证了汉景帝在历史上的口碑其实是徒有虚名的。

据《史记》、《汉书》记载，有一次，汉景帝与吴王刘濞的儿子，也就是他的堂兄弟在未央宫下棋。下着下着，两个人争执起来，当时身为太子的汉景帝跳起来，一把抓起铜棋盘子就往那堂兄弟头上砸，堂兄弟顿时脑袋开花，一命呜呼。从这件事上可以看出汉景帝应该是一

个性格暴戾、做事不计后果的人。

平定"七国之乱"，维护和巩固了国家统一，是汉景帝在历史上留下的光辉一笔。可是，有人认为，汉景帝在这件事上其实没什么功劳，相反，还犯有严重过失。景帝即位后，听从晁错建议，采取削藩措施加强中央集权。当时势力甚强的藩王之一刘濞本来就有野心，又因为莫名其妙痛失爱子而早就记恨在心，以至于"多年不朝"，现在机会终于来了。吴王刘濞借口晁错离间刘家皇亲骨肉，联合其他王国打出"诛晁错，清君侧"的旗号起来造反。汉景帝惊惶失措，怪晁错惹来大祸，竟然把晁错给杀了。哪想刘濞一伙本来就不是为了"清君侧"，而是冲着皇位来的，杀了晁错照打不误。幸亏景帝身边还有一个周亚夫可以独当一面，力挽狂澜，把"七国之乱"给镇压了下去。这样一位大功臣，不久也竟然被汉景帝治罪，在狱中饥饿而死。由此可见，汉景帝是一位既昏庸又无能的皇帝。司马迁在《史记·景帝纪》中对景帝的评价也没有什么像样的言辞。"七国之乱"这么大的一个历史事件就不见于《景帝纪》却散见于周亚夫、刘濞等人的传记中。莫不是连司马迁也认为汉景帝在平定"七国之乱"这件事上的作用是微乎其微的？

一些历史学者说"汉景帝只是沾他父亲和儿子的光，作为'文景之治'，他不够格"。事实难道真的是这样的吗？随着阳陵的进一步发掘，也许我们不久就能知道答案！

阳陵陪葬坑发掘现场
陕西省咸阳市渭城区正阳乡张家湾村北

马王堆 汉墓 之谜

火坑墓里出女尸

　　1971年，全国各地的"深挖洞广积粮"的群众运动如火如荼展开了，这是基于当时的国际形势，为爆发战争作准备。马王堆旁一家部队医院将目光盯向了湖南省长沙市五里碑附近的两个大土冢，因为长沙临近湘江，地下水位高，土冢高几十米，自然成为修建地下医院的绝佳选择。在打孔探测过程中，马王堆汉墓被偶然地被发现了。

　　发掘工作开始于1972年初，东边的土冢被考古人员编为1号墓。封土挖开后，露出斜坡墓道和四级台阶的长方形墓穴。墓穴的白膏泥被清除后，发掘出了大量木炭，约有5000多公斤。木炭清除后，一座巨大的椁室完整地展现于世人面前，椁室上覆盖了26张黄色的竹席。整个椁室由厚重的松木板构筑而成，长6.73米，宽4.9米，高2.8米。4块隔板以"井"字形把椁室分为四个部分，第三层棺内外绘制的图案最为精美，并以朱漆辅之，象征祥瑞的龙、虎、朱雀和仙人的图案反映了汉人崇神及"事死如事生"的葬俗观念。第四层为殓尸的锦饰内棺，内为朱漆外为黑漆，两道质地精良的帛束横缠盖棺，棺四壁粘贴了一层菱花形的毛锦，锦的边缘加饰了一条绒绣锦。

　　千年女尸在封闭较好的1号墓内，她的身上穿了18层衣物，并覆以两层衾被掩盖住。由此可推断，在中国古代，对于处在贵族的孝子贤孙来说，死去的先辈的墓葬是一定要认真对待的，所以形成了厚葬的风气，恨不得将死者生前衣食住行所用物品全放进墓穴里，以供死者进入阴间享用。1号墓在规模和随葬品方面，均优于2号、3号墓，并且是女性，在当时"男尊女卑"的思想控制下，显然她应是家族中极有权威的长者，故考古学家判断，它的入葬应晚于前二者的入葬。

马王堆女尸

湖南省长沙市马王堆出土

湖南省长沙市马王堆1号汉墓挖掘现场

墓主身份揭秘

　　根据墓中随葬的一些印章、封泥、器皿上的铭文，并结合有关文献的记载，墓主的身份也就清楚了。2号墓的墓主是轪侯利苍，1号墓的墓主名为辛追，是利苍之妻，而3号墓的墓主是他们的一个儿子。

　　公元前202年，刘邦建立西汉。为稳固天下，刘邦分封了7个异姓王，各辖一方，听命朝廷。其中吴芮被分封在长沙，乃是长沙王。至刘邦末年，这些诸侯固守一方，严重危及中央统治，于是刘邦除掉了这些异姓王，代之以自己的亲戚。这样就加强了中央对地方的控制。但是长沙王吴芮却因长沙的特殊战略地位而保住了自己的位置，因为在长沙国南边有一个具有较强军事实力的南越国，西汉也为之忌惮。

墓主图·西汉
纵205厘米，上幅92厘米
湖南省长沙市马王堆1号汉墓出土

中国考古未解之谜

　　因此，长沙国成为西汉的战略要地。但刘邦并不放心，他既要笼络长沙国，保住这个战略要地，又要防止长沙国的叛乱，就把利苍派到了长沙国以监督、管束长沙王吴芮，使其不敢轻举妄动。又因长沙国的重要地位，利苍不仅被封相且封侯。利苍的封地因在轪县（今河南信阳地区），故称轪侯。利苍死后，他的一个儿子利豨继任爵位。3号墓墓主却是利苍的另外一个儿子，即利豨的兄弟，他是一位带兵守戍的将军。在墓穴里出土的十几万字帛书证明了他非常好学，却极为短寿，大概活了30多岁，死因不明。最后一代轪侯名为利扶（有些史书上记为利秩，实为同一人），因其触犯汉朝法律，丢了列侯的爵位。轪侯在历史上就这样无声无息地消失了。

朱红罗锦袍·汉
湖南省长沙市马王堆1号汉墓出土
马王堆汉墓出土如此精美华丽的丝织品，与长沙国附近的蜀郡有关。蜀郡素以先进的纺织技术闻名全国，可称"覆衣天下"。

锦衣玉食精器显奢华

　　马王堆汉墓随葬品极其丰富，体现了鲜明的时代特点。马王堆汉墓出土的文物不仅数量巨大，而且保存基本完好，鲜艳美丽的丝织品和漆器，极具学术价值的帛书和帛画，都让世人吃惊。

　　①奇奢的丝织品

　　中国自古皆有"缫丝之国"的美誉，汉代的锦绮则以美丽的花纹、柔软的质地、闪耀的光泽、华贵的气魄而闻名于世，不但令北部草原上的游牧民族着迷，也使当时世界上

马王堆1号汉墓出土的农作物

在汉代农作物考古中，马王堆汉墓的发现最为丰富。

的许多文明古国，如波斯、罗马、印度的商人慕名而来争相采购，而且那些国家的贵族们以穿戴中国产的丝织衣物为骄傲，它象征着身份、财富与地位。

所出土的丝织品中最精美神奇的要数墓主辛追夫人身上穿着的两件薄素纱禅衣。衣长 128 厘米，两袖伸直长 190 厘米，而重量却是轻得出奇，分别为 48 克和 49 克，不足一两。这种纱质地又轻又薄，透明度也甚高，故古人称其为"动雾霭以徐步兮"。薄如蝉翼轻若烟雾的纱衣穿在身上，看上去会产生一种朦胧感，使人显得美艳绝伦。这两件素纱禅衣之精美，完全可以和现代精工织造技术媲美。

②千年佳肴世人羡

马王堆汉墓出土的各种各样食物很准确地反映了汉代发达的农业状况。

食物本来是极难保存上千年的，但由于 1 号墓密封甚好，所以发掘出多种残存的食物，在椁室里到处都有食物，有的放在陶器、漆器里，有的放在竹筒和麻布袋里，其中有些已是烹饪好的菜肴。多种粮食，如稻、粟、豆、麦、黍等放在麻袋里。稻谷出土时就像新鲜的一样金黄、完整，但由于长时间的存放，内含物质大多分解消失，出土后，即脱水逐渐干枯。最多的是菜肴瓜果，如甜瓜、枣、梨、杨梅、藕、桃等。另外还有一些畜鱼类，如猪、牛、鸭、斑鸠、鸳鸯等，它们多被烹调成熟食盛放于精美的陶皿或漆器里。让人觉得有趣的是，陶器里竟盛放着各种调味品及酒类，可见墓主人生前的生活饮食是极其丰富及奢华的。桃、藕等物出土时，还色泽鲜艳，不过很快就化成了一摊水。

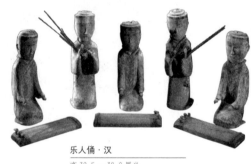

乐人俑·汉

高 32.5 ～ 38.0 厘米

湖南省长沙市马王堆1号汉墓出土

③光彩夺目的漆器

马王堆汉墓出土了大量漆器，1 号墓有 184 件，3

号墓有 316 件，这是全国各地发现的漆器中数量最多、保存最好的一批。其中 1 号墓的一件双层九子奁，在黑漆的器表上还贴饰了金箔，金箔上再用油彩绘出变形云纹，更加绚丽多彩。3 号墓的一件粉彩云纹漆奁，其彩绘则用具有油画效果的堆漆法画成，先用白漆勾出凸起的边框，再用红、黄、绿漆填绘云纹。与这种强烈立体感相反的装饰手法称为锥画，不用笔，而是用细尖锥或针在将干未干的漆膜上刻画出各种细如发丝而又栩栩如生的图案来，给人一种阴柔的朦胧美，需借助亮光仔细观察，才能欣赏到图案纹饰的精巧和纤丽。

许多漆器上烙有作坊地名；有些则写有"轪侯家"或"九升"等字样，表明物主及容量。最有趣的是许多耳杯和盒、卮、小盘上写有"君幸酒"或"君幸食"，令人遥想起当年"劝君更尽一杯酒"的宴饮情景。

④阴间的侍奉者

墓中挖掘出的木俑是供墓主带到阴间遣役使用的，他们全都称职地守候在墓主的身边，随时听候派遣。

木俑有平雕和圆雕两种，脸面均彩绘，有些着丝绸衣裳，有些则直接彩绘出衣裳。

除歌舞俑之外，还有乐俑和 25 弦瑟、7 弦瑟、6 孔箫、22 管竽等乐器，这些乐器都是首次发现的西汉实物。其中 1 号墓出土的 25 弦瑟是目前发现的唯一一件完整的西汉初期的瑟。3 号墓出土的一件竽在竽管中发现了竹子做成的簧片，簧片上有控制音调的银白色点簧，这是世界管乐器中最早使用簧片的实物证明。竽是中国古代的一种重要乐器，"滥竽充数"的故事想来大家都听说过。1 号墓出土的 12 支一套的竽律证明竽在当时不仅是主要的乐器，而且还可作为其他乐器的定音标准。

云纹漆鼎·西汉

高 25 厘米，口径 21.5 厘米，腹径 22.5 厘米

湖南省长沙市马王堆 1 号墓出土

招魂升天的帛画

汉代画在缣帛上的绘画作品颇多，但大多失传。马王堆 1 号、3 号墓出土帛画共 10 余幅，占全国帛画出土量的近一半。

马王堆帛画最有代表性的应是在 1 号墓和 3 号墓出土的两幅帛画。画面呈"T"字形，顶部裹有竹竿并系有丝带，可以悬挂，是死者出殡时张举的旌幡。旌幡是古代丧葬仪式中的一种物品，使人高举，随丧葬队伍行进，大概起到识别死者、招魂、导引灵魂升天的作用。1 号墓中的旌幡保存比较完整，3 号墓中的则有些残破不清。

升仙图·西汉

纵 233 厘米，上横 141 厘米，下横 50 厘米

湖南省长沙市马王堆 3 号墓出土

1 号墓旌幡表现的是一幅死后升天图，自下而下分成三个部分，分别表示地府、人间、天上的情景。最下面有两只红鳞青色的巨鱼相交，鱼尾各立一长角怪兽，有人说此怪是打鬼的"方相氏"。鱼背上立有一裸体力士，双手擎着表示大地的平板，其左右有双蛇环绕，再外边各有一大龟，龟背上站有猫头鹰。大地之上是人间部分。中间画有两条巨龙左右穿绕于圆璧。璧下左右流苏之上，有两个羽人，悬着一个巨磬，巨磬的下面，有鼎壶以及成列的人物。圆璧之上，两只凶悍的豹子支撑着一个白色平台，一位衣饰华贵的老妇人拄着拐杖，身后有 3 个婢女，前面则是两个拱手跪迎状的男子，一穿红袍，一穿青袍。画中老妇是 1 号墓主——軑侯夫人，画中的两个男子应是天国使者，前来导引墓主人升天的情形。而在帛画最上面，天门已开，天门左右各有一个守门者，作等待、亲密对语形态。天门之上是天界，正中上方是一个人头蛇身的形象，有人说是女娲，有人说是伏羲，无论是谁，都应是天界的主宰。天界之中，凡人的一切想象都表现了出来。墓中女主人骑龙舞于空中。

3 号墓旌幡构图与前者基本相同，由于墓主身份不同，人间部分画的是一个佩剑的男子，前后有 9 个侍从，显示出地位高于 1 号墓主。

这两幅帛画特色鲜明，充满了绚丽的神话色彩。画中图案，极具生命力和人间气息。这两幅帛画在构图上，众多的人物、禽兽、器物处理得有条不紊，左右对称，通过昂扬龙首的蛟龙、迎候的司阍，将地下、天界联系在一起，渲染出了升天的气氛。墓主的形象位于画的中央，显示出了主人的高贵身份，使画的中心更为突出。画的线条的流畅挺拔，设色庄重典雅，展示了西汉绘画的卓越水平。

古文献的宝库

帛书《老子》乙本·西汉
纵 48 厘米
湖南长沙市马王堆 3 号墓出土

马王堆 3 号墓随葬帛书、简牍是继汉代发现孔府壁中书、晋代发现汲冢竹书、清末发现敦煌图卷之后，中国历史上的第 4 次古文献大发现，可分成六艺、诸子、数术、方术、兵书 5 类。

1. 六艺类。指儒家经典及一些辅助读物。《春秋事语》约 2000 余字，记载着春秋时的史实。《战国纵横家书》约 1 万余字，部分内容见于《战国策》、《史记》，文句也大体一致。还有部分内容记载了苏秦游说活动，属于现已不见于任何典籍的佚文。

2. 数术类。此类书主要是自然科学的著作。马王堆出土的帛书，包括当时的阴阳五行学说、驱鬼辟邪信仰、天文气象书籍，其中的《五星占》是现存最早的一部天文书，在天文史研究上特别重要。

3. 兵书类。内容属于兵阴阳家。地图类，共发现两幅，一幅是《长沙国南部地形图》，另一幅是《驻军图》。画得相当精确，一些水道的曲折流向，与今天的地图大体接近，并附有图例。而《驻军图》是中国乃至世界发现的最古老的彩色地图，反映出古代中国劳动人民的高超智慧。

4. 诸子类。包括《老子》和《黄老帛书》。《老子》分《道经》和《德经》两篇，马王堆出土的《老子》，《德经》在前，《道经》在后，与现在通行本顺序截然相反，是目前所见《老子》的最古的抄本。

5. 方术类。汉代将医经、经方、房中术、神仙术 4 种称为方术。所出土内容最丰富的是《五十二病方》，全书有 52 题，记载着治疗各类疾病的医方，包括内、外、妇、儿、五官诸科，其中外科病方占 70% 以上，可以视为汉代的一部优秀外科著作。《导引图》是一幅绘有各种运动姿态并注有解说文字的图，还附有论述气功健身方法的文字。"导引"是把呼吸运动和躯体运动相结合的体育医疗方法，这是我国考古发现中最早的健身图谱。

天文气象杂占·西汉
长 150 厘米，宽 48 厘米
湖南省长沙市马王堆 3 号汉墓出土
这是一卷用云、气、晕、彗、星、虹等天象占验吉凶的书，出于楚人之手。其中最珍贵的是 30 幅彗星和彗尾图，而且绝大多数是彗尾朝上，符合彗尾总是背着太阳这一科学规律。这幅世界上现存最早的彗星图说明，我们祖先当时在天文学领域已经独步全球。

黑地彩绘漆棺·西汉

长沙市马王堆1号墓出土

这是马王堆1号汉墓出土的4层套棺中的
第二层棺，它长2.56米，宽1.18米，高
1.14米，内髹红漆，外髹黑漆为底，以银
镶边，再用朱、白、黑、赭、紫红等颜色，
绘出奔放的流云，以及仙人、神怪、异禽，
组成了50多幅内容不同的画面，构成了
一个奇幻、浪漫的仙境。云纹的轮廓线显
著凸起，这是汉代新兴的堆漆装饰技法，
立体感强，具有浮雕的艺术效果。

云气神兽图·汉
通高 114.0 厘米，幅 118.0 厘米
湖南省长沙市马王堆 1 号汉墓出土

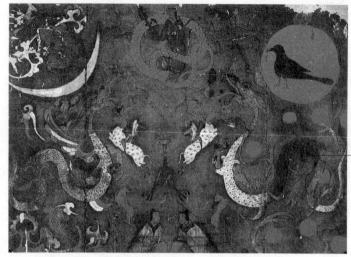

或许现代人会对古人崇拜上天的行为感到不屑或奇怪，而在当时生产技术水平极低的情况下，上天成为古人的衣食之源，其变化万千的气象也会令古人吃惊、痴迷。于是，一系列关于上天的故事传说出现了，那是古人心目中最美好的向往，如帛画中所描述的仙鹤起舞，月蟾待发，龙飞畅啸，墓主已乘龙遨游仙境。

很显然，对于人间的描述被极度夸张了。传说中的龙与墓主现实生活的结合，显示出墓主生前的高贵与奢华。这不能不让人赞叹古人丰富的想象力。天盖、仙鸟、蟠龙、人身鸟首像、侍女、仆人……人间被古人的想象力改变了，还有比这更美好的人间吗？

帛画上部的腾龙

古代传说中一种有鳞角须爪能兴云作雨的神异动物。在中国的传统与艺术中，龙象征着权威、丰饶和平和吉祥。于是，龙的形象常出现于生活的方方面面。

旌幡帛画·汉

纵 205 厘米，上横 92 厘米，下横 47.7 厘米
湖南省长沙市马王堆 1 号墓出土
德国哲学家费尔巴哈说：中国人是最为死者操心的民族。且不论这句话是贬斥或是褒扬。但他说的确是事实。中国人一直关心死者在阴间的居住条件和生活空间，这件升天帛画绘出了地府、人间、天上三个空间，即是为了给墓主辛追夫人提供了一个理想，安逸的生活空间，大量的随葬品也会使墓主吃喝不愁、安逸富足。

地府亦称地狱，佛教名词意思为不乐、可厌、苦具、苦器等。而这幅帛画里的地府描述的应是地下，即死者灵魂安息的地方，没有赏罚之意，反而显示出饶有生活情趣的一面。（方相氏是阴间驱除厉鬼以保护墓主的肉体和灵魂不受侵害的神灵）

这幅帛画所用的技法以单线勾勒为主，也有多种色彩平涂和浓淡渲染。线条圆活、精细、准确。颜色有朱砂、石青、石绿和白粉等矿物颜料，出土时色彩依旧绚丽夺目。这幅升天帛画的发掘填补了中国绘画史上汉初这一段空白，成为中国古代绘画艺术宝库中的一颗光彩夺目的明珠。另外，画中所描绘的神话内容同历史文献记载基本一致，所以，它也是研究古代历史文化的珍贵实物。

满城汉墓的主人是谁

满城汉墓内景
河北省满城县陵山

满城汉墓从一开始就让人觉得与众不同。为什么这样说呢？因为据考古工作者介绍，西汉流行的是竖穴土坑墓，而满城汉墓则显然是一座崖墓。所谓崖墓是指依山开凿的横穴墓。那么，墓主为何要如此别出心裁呢？这位墓主又是何许人也？

满城汉墓位于河北省保定市满城县西南的一座陵山上。之所以称之为"陵山"，是因为当地相传这座山丘是一位古代帝王的陵墓。只是不知道这里埋的是哪一位帝王而已。

那么，满城汉墓的主人究竟是谁呢？满城汉墓其实有两座墓，一号墓全长51.7米，最宽的地方为37.5米，最高的地方为6.8米，容积近2700立方米；二号墓全长49.7米，最宽的地方为65米，最高的地方为7.9米，容积约为3000立方米。打开一号墓，惊现一件传说中的"金缕玉衣"，此外当然还有不计其数的稀世珍宝。但令考古工作者摸不着头脑的是

里面竟然没有发现人的尸骨！据说，当时的负责人郭沫若同志马上推测道：可能是一号墓中原本就是一座埋殉葬品的仓库，所以没有埋入尸体。如果此种假设成立的话，那么周围肯定还有一座或几座大墓，墓主人也许就埋在里面。墓主人所在的墓葬在哪里呢？郭沫若同志认为，可能就在发现金缕玉衣的地方还藏有另一层墓穴，但也可能在一号墓的周围一带。后来，经过他认真思考，认定在一号墓北面的一座山坡上还有一座墓！就这样，满城汉墓的二号墓重见天日！

令考古队员大为震惊的是，二号墓竟然又发现了一件价值连城的"金缕玉衣"！不过，这件金缕玉衣与一号墓中的金缕玉衣有明显的不同，瘦小得多，似乎为女性所有。考古工作者还在二号墓中发现了两件刻字的铜器，上边有"长信尚浴……今内者卧"的字样，同时考古学家还发现了刻有"窦绾"和"窦君须"的铜印以及写着"中山祠祀"的封泥。

很显然，二号墓的墓主并不是我们要找的人，而是另有其人，而且还是一位女性。根据所掌握的资料来看，这位女性是中山王的妻子，名字可能就叫"窦绾"，字"君须"。

绕了一大圈子，问题还是没有得到解决，满城汉墓的主人究竟是谁？考古工作者不得不又重新思考这个问题。在一号墓中出土了不少铜器和漆器，上面不时刻着"中山府"、"中山宦者"、"御"等字样；出土的封泥作"中山御丞"；墓中还出土了大量西汉时期的五铢钱；墓主还有玉衣，这是汉代只有皇帝、诸侯王和高级贵族才配穿的殓服，而满城汉墓在汉代为北平县地，属于中山国。综合上述这些情况，一号墓主很有

玉人·西汉
高 5.4 厘米
河北省满城县中山靖王刘胜夫妇墓出土
玉人正襟危坐，双手置于几上。头戴小冠，身着长衣，腰系纹带。底部阴刻铭文 5 行 10 个字"维古玉人王公延十九年"，具有辟邪的意义。

中国考古未解之谜

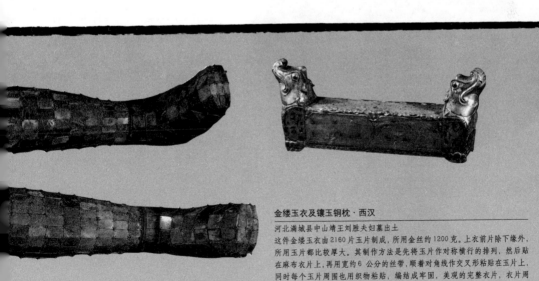

金缕玉衣及镶玉铜枕·西汉
河北满城县中山靖王刘胜夫妇墓出土
这件金缕玉衣由 2160 片玉片制成，所用金丝约 1200 克。上衣前片除下缘外，所用玉片都比较厚大。其制作方法是先将玉片作对称横行的排列，然后贴在麻布衬片上，再用宽约 6 公分的丝带，顺着对角线作交叉形粘贴在玉片上，同时每个玉片周围也用织物粘贴，编结成牢固、美观的完整衣片，衣片周缘也用织物包边。

灰陶加彩鸟鱼纹盘·西汉
河北省满城县陵山中山靖王刘胜夫人窦绾墓出土

鎏金镶嵌龙首形辕饰·西汉
河北省满城县陵山中山靖王刘胜夫人窦绾墓出土

可能为西汉中山王的陵墓。

只是，在历史上西汉中山王共有10位。到底是哪一位呢？一号墓中的出土文物给我们提供了重要线索。细心的考古专家发现，在一号墓中出土的铜器和漆器中，刻有许多纪年。有"卅二年"，"卅四年"，"卅六年"，"卅七年十月"，"卅九年"，"卅九年九月"，等等，都是在30年以上。由此考古学家们断定，这必是中山国第一代王靖王刘胜无疑！因为据史料记载，中山国10个王中，只有靖王刘胜在位42年，其余的都没有超过30年。

满城汉墓的主人身份水落石出了，只是，靖王刘胜的尸骨究竟到哪去了呢？后来清理修整金缕玉衣时，专家们发现了里面竟然有些灰褐色的骨灰与牙齿的珐琅质外壳碎片。原来，经历了千年，刘胜的尸体早已腐朽，而他身穿的金缕玉衣又全部锈蚀在了一起，所以当时谁也没有注意。就此，这个困扰考古学家多时的谜团终于解开。

金银象嵌博山炉·西汉

河北省满城县陵山中山靖王刘胜墓出土
这件国宝以高超生动的浮雕、精美端庄的造型、细密雅致的工艺而闻名。博山炉的上部浮雕出人在山间狩猎的场景，中部饰以汉代流行的云气纹，寓意神仙世界。

错金银镶嵌豹形镇·西汉
河北省满城县陵山中山靖王刘胜墓出土

朱雀灯·西汉
河北省满城县陵山中山靖王刘胜墓出土

　　身穿金缕玉衣，仍旧没能保住尸骨，恐怕是靖王刘胜做梦也没想到的吧！玉衣在史书中称为"玉匣"、"玉柙"等，据文献记载，玉衣是汉代皇帝、诸侯王和高级贵族死后的殓服。玉衣分为金、银、铜三个等级，对应不同等级的王公贵族，是很有讲究的。《后汉书·礼仪志》中提到，只有皇帝才有资格葬以"金缕玉匣"，诸侯王、列侯、贵人、公主等使用"银缕玉匣"，而大贵人、长公主只能穿"铜缕玉匣"。刘胜只是一个诸侯王，按规矩只能穿银缕玉匣，为什么他们夫妇两位胆敢冒如此大不韪呢？

　　也许是为了显示自己的尊贵，但更可能是为了使尸体不朽。在汉代，人们普遍认为"玉能寒尸"。所以，汉代的皇帝贵族都争相大量使用玉衣作为葬服。《后汉书·刘盆子传》中对古尸不腐有这样一句总结，"有玉匣殓者率皆生"。可是，现在看来，这只不过是古人一厢情愿的美好愿望而已。刘胜夫妇虽不惜工本制作了两件金缕玉衣，但不朽梦落空，还是没有能保住他们的尸体。而与他们同时代的马王堆汉墓出土的一具女尸，身上并没穿什么金缕玉衣，历经千年却依然栩栩如生，这对刘胜夫妇来说，不能不算是一个极大的讽刺。

赵献瓿·西汉
河北省满城县陵山中山靖王刘胜墓出土
它由三部分组成，分别名为"釜"、"瓿"、"盆"。分别铭文"御铜金雍瓿一，容十斗，盆备，三十七年十月，赵献"、"御铜金雍瓿瓿一具，盆备，三十七年十月，赵献"、"御铜金雍瓿釜，容十斗，三十七年十月，赵献"。通过这件器物及其他带有铭文的纪年器物，考古学家确定了在位超过30年的刘胜是陵山汉墓主人。

四乳蟠螭纹镜·西汉
河北省满城县陵山中山靖王刘胜夫人窦绾墓出土

镀金鸳鸯戈 · 西汉
河北省满城县陵山中山靖王
刘胜墓出土

镶玉鎏金铺首 · 西汉
河北省满城县陵山中山
靖王刘胜墓出土

朱雀衔环杯 · 西汉
河北省满城县陵山中山靖王刘胜夫人窦
绾墓出土
这件刘胜夫人窦绾的放置化妆品的错金
嵌绿松石的青铜器制品可以说是极尽巧
思妙想、稳定的、对称的三角形结构由
两侧的高足杯、杯同居下的怪兽、衔玉
环的朱雀组成、制作精美、华丽异常。

鎏金狩猎纹当卢 · 西汉
长 25.3 厘米, 宽 13.7 厘米
河北省满城县陵山中山靖王刘胜夫人窦绾墓出土
这件艺术品突出地反映了汉代的两大思想。道家
的升天思想，由蟠龙屈曲形成的外围纹饰间有朱
雀、野猪等动物，这种形象容易使人联想到马王
堆T形帛画中由龙形成的三个世界，另一种尚武
精神则是由内区的狩猎纹饰反映出来的。汉唐两
代的强盛国力与尚武精神是有一定关系的。

镀金银琉璃象嵌壶 · 西汉
河北省满城县陵山中山靖王刘胜墓出土
这件是皇家之物，原出自长安的长安宫，可能是皇帝
赐予刘胜的礼物，运用鎏金、鎏银、嵌琉璃等工艺，
是汉代青铜器中的佼佼者。

长信宫灯·西汉

河北省满城县陵山中山靖王刘
胜夫人窦绾墓出土

此灯的造型非常奇特，宫女的
手臂可以转动，用来调节灯光
的明度和照射方向，显示了独
特的匠心。灯上的9处铭文共
有66字，表明此灯原是长安长
信宫中的器物，几经易手，最
后到达窦绾手中。

僰人悬棺 为何凿于万仞绝壁

在我国四川南部的珙县境内，曾经生活着一支特立独行的少数民族：僰人。从春秋时期到明代万历年间长达2000年的时间里，他们一直在这片土地上耕作、生息、繁衍。在春秋时期，他们被称为"僰人野人"，在汉代，被称为"滇僰、僰僮"，明朝则呼为"都掌族"。然而在明神宗万历元年(1573)的"僰汉大战"之后，这个部落从此就神秘地销声匿迹了，除了高悬在离地高达百米的断壁悬崖上的265具棺材，他们没有给这个世界留下任何其他的信息。

这些高高在上的"僰人悬棺"总重超过千斤，都是用质地坚硬的整木雕凿而成。其外形主要有船形和长方形两种。有的选择最为险峻的天然或人工凿成崖石安放，棺木还裸露在外面；有的在绝壁上凿孔，插入木梁，把棺木架在上面。悬棺离地面数十米到100多米，在山风中凌空俯视地面，令人可望而不可即。这些悬棺已经在高高的空中悬挂了数百年，经历着风风雨雨的剥蚀，至今仍牢实地迎空展示着。悬棺的崖壁上有许多红色彩绘壁画，内容丰富，线条粗犷，构图简练，形象逼真。

现存悬棺最集中的地方是宜宾地区珙县洛表乡的麻塘坝和曹营乡的苏麻湾两处景区。其中麻塘坝亦称僰人人沟，距四川省珙县城60千米，南北狭长，东西两侧奇峰挺拔，险拔峻峭的岩穴之间现存有悬棺160多具，许多

悬棺

四川省珙县

120

悬棺

四川省珙县

据学者研究，悬棺文化最早起源于吴越地区。之后，由于战乱，这支具有特殊墓葬风格的文化由山路（也有水路）迁入江西，分为二支。一支由江西至湖北，沿长江而上，到达四川。从四川由北到达陕西，由南到达云南（再由云南传入贵州、广西及越南等地）。另一支从江西入湖南，再由湖南进入贵州、广西。

棺木半悬山崖，距地面一般高约 25 至 50 米左右，最高的有 100 多米。苏麻湾距麻塘坝 10 多千米，在陡峭的石灰岩壁上分布着 48 具悬棺，沿着浩浩荡荡的江水，人们在船上就可以看见这些奇特的悬棺。

僰人为何要把棺木高悬于千仞绝壁之上呢？专家们认为，按古僰人的意思，悬棺入云，是吸日月之精气。从科学上来说，西南地区的少数民族由于长期居住在山水之间，他们对山水产生无比崇高的感情，死后葬在靠山临水的位置表明亡灵对山的依恋和寄托之情。至于把棺木放得很高，那是因为高处可以防潮保尸，并可以防止人兽的侵扰。

可是所有放置悬棺的地方，上至峰顶、下距空谷，都有数十米到一二百米，而且到处都是异常陡峭的石壁，没路可走。古人是怎样将这些悬棺放置到悬崖峭壁上去的呢？对此，人们多方猜测，代表性的解释有"栈道论"和"吊装论"，还有"洪水说"、"隧道说"、"天外来客说"等等，众说纷纭，悬棺因此被蒙上了一层异常神秘的色彩。

中国考古未解之谜

"栈道论"认为，悬棺是通过修栈道运到悬崖上的洞穴中的。古人可能就像今天造房子搭架子那样沿着悬崖向上搭，当搭到洞穴口时便可将棺一层层递上来，直至送入洞中，或者由山顶搭栈道向下直至洞口。证据是现在只要乘竹筏沿九曲而游还可以在两岸的岩壁缝隙处看到一些残存的木料，这就是安置船棺后为确保它的安全而将栈道拆除的遗物。但是存放船棺的悬崖多是单独成峰的，突兀峭拔，崖壁坚硬，由下而上搭架子能搭到数百米谈何容易，特别是在工程技术还极其落后的古代少数民族地区很难实现。"吊装论"认为悬索下枢可以解决千斤之物如何挂上悬崖的问题。1973 年 9 月，公安部门曾侦破了一起盗悬棺案。两名盗贼供认，他们买了数百公斤粗铁丝制成软梯，上端紧绑在岩顶的大树根部，一人把风，一人顺梯而下至洞穴，再设法在崖壁上开辟一条栈道，随后盗棺而出。有些人因此认为僰人是反其道而行：先找到安葬洞口，在洞口前架设数米长的栈道，棺木在峰顶就地制成，装殓死者后吊坠而下至洞口，再由人推进洞去。但人们至今不能断定古人是用什么简陋的机械将悬棺放到洞穴里。因为山顶到涧谷一般均有一二百米，鞭长力微，即使百人在峰顶一起用力绞拉辘轳之类的简单机械来吊升岩底的棺木，吊到洞口时也不能放进穴内。

悬棺隐身在云雾缭绕的峭壁之上，充满了永恒的神秘色彩，它作为文化发展史中的一个奇迹，沉积了往日逝去的回忆。僰人为何悬棺而葬？刀耕火种的年代如何置棺高岸？僰人是怎样消失的？棺上的红色岩画又在讲述什么故事？这些谜还有待今人解答。

曹操真的有七十二疑冢吗

在世人眼里，曹操一直是个"奸雄"的形象，而他的陵墓，也一直有"七十二疑冢"的说法。

相传曹操临死前，曾对儿子和心腹大臣说："现在天下还未安定，不要照旧的丧制来葬我。我有头痛病，很早就戴上了头巾。等我死后，着上衣服和戴上头巾就行了。文武官员来吊唁，哭几声即可，那些驻防各地的将士们都要坚守岗位。我死后，就埋在邺城西面西门豹的祠堂旁边。记住不要用金玉珍宝陪葬，也不要设陵邑神道。这样不留任何痕迹，别人就不能掘盗了。"曹操死后，他的儿子对他的葬礼一切从简，陵上不建寝殿，只有铜驼、石犬各二只。而对于曹操墓室玄宫建筑，在史书上更是缺乏详细记载。

但是，在民间，曹操"七十二疑冢"之说却流行甚广。据说曹操为防止死后陵墓被盗掘，为不让自己抛尸于野，就设置了七十二疑冢。如《七修类稿》中记载："曹操疑冢在漳河上，宋人俞符有诗曰'生前欺天绝汉统，死后欺人设疑冢。人生用智死即休，何用余机到丘垄。人言疑冢我不疑，我有一法君未知。掘尽疑冢七十二，必有一冢葬君尸。'予则以为孺子之见耳，使孟德闻之，必见笑于地下，夫孟德之棺，岂真在疑冢哉，多设以疑人耳。"

那么，曹操的陵墓究竟在什么地方呢？据《魏书》记载："初平二十三年六月，令曰：'古之葬者，必居瘠薄之地。其规西门豹祠西原上为寿陵，因高为基，不封不树。……凡诸侯左右以前，卿大夫居后，汉制亦谓之陪陵。'"从这里可以看出，曹操在生前已开始修筑他的陵墓，陵墓位置应当在西门豹祠以西，在它周围还有许多诸侯公卿的陪葬墓。但是，到底哪一个西门豹祠附近有曹操的陵墓呢？

有人认为曹操墓在今天临漳县西的丰乐镇西门豹祠一带。可是，这种说法有一致命的错误，那就是丰乐镇西门豹祠建立于北齐天保五年，即公元554年，而曹操是于公元220年死的，在建祠前死的曹操，怎么可能遗令安葬在这个西门豹祠旁边呢？

也有人根据《舆图备考》、《方舆纪要》等史籍，认为曹操的疑冢分布于临

魏武帝曹操像

曹操（155～220），字孟德，小名阿瞒，东汉末沛国谯县（今安徽亳州）人。少机警，好任侠，年二十，举孝廉。建安元年（196），迎献帝至许昌（今河南许昌东），总揽朝政。十八年，封魏公。二十一年，病死于洛阳。其子曹丕代汉称帝，追尊其为魏武帝。曹操道："宁可我负天下人，不使天下人负我。"曹操文云："唯才是举，吾得而用之。"曹操诗曰："神龟虽寿，犹有竟时。腾蛇乘雾，终为土灰。老骥伏枥，志在千里。烈士暮年，壮心不已。盈缩之期，不但在天，养怡之福，可得永年。"

漳三台村以西4千米的讲武城至磁州之间，其中有一座墓必是真墓。但是，这些疑冢从晚清到民国，一直有人盗发，从墓志上看，墓的主人大多为北魏、北齐时代的王公贵族，并没有曹操的半点痕迹。1988年，新华社报道，这些古墓也确实被发掘证实是北朝时期贵族的大型古墓群。这些墓的确切数字也不止72座，而是134座。

袞雪帖·三国·曹操

还有人根据魏文帝的《止临菑侯植求祭先王诏》中的"欲祭先王于河上，览省上下，悲伤感切"一句，认为曹操的陵墓很可能是修建在漳河河底。清代沈松在其《全健笔录》中说，"顺治初年漳河干涸，有一个渔夫看见河中有一块大石板，在石板旁边还有一条缝隙。这渔夫以为里面肯定会有不少鱼，可以大捞一把，就毫不犹豫地走过去。看见有一石门，门内尽是些美女的遗骸，里面有一石床，石床上卧有一个人，'冠服如王者，碑文明记此乃曹操'。"但这个故事只能当作传说，不一定是真的。20世纪90年代当地有一农民曾在漳河大桥下挖到许多银元宝等文物，但据考古学家们研究，这些东西都是明代的文物，他们推断，这些文物也许只是明代的皇宫的船队在此翻船遗落的，跟曹操是一点关系也没有。

也有人认为曹操其实并没有设什么疑冢，那所谓的"七十二疑冢"完全是某些人有意或无意编造的，与曹操无关。

事实上，曹操有两个。一个是历史人物曹操，即真正的曹操。另一个则是文学形象中的曹操，这是文人"虚构"的曹操。在世人的眼里通常只是文学形象中的曹操。实际上，据《三国志》上记载，曹操临终前只是说"死后穿普通服装收入殓，棺内不要藏金玉珍宝"。从这看来，他并没有提到要设立疑冢。而在文学作品《三国演义》中却附会说"又遗命于彰德府讲武城外，设立疑冢七十二，勿令后人知吾葬处，恐为人所发掘也"。只是《三国演义》作者罗贯中是元末明初的人，这时候民间也许早已有疑冢之说，被作者加以发挥而已。鲁迅对这事也有过看法，他说："阿瞒（曹操）虽是老奸巨猾，我想，疑冢之流倒未必安排的。"在今天看来，也不无道理。

邺城三台遗址·魏晋南北朝

河北省临漳县
金虎台、铜雀台、冰井台是邺城著名的"三台"，在曹魏时期达到第一个发展的兴盛时期，既作为重要的离宫，又是坚固的军事堡垒。传说曹操死后就安葬在这一带。

Wen wu de ao mi shi jie

文物的
奥秘世界

这些岩画是遥远的古代遗留吗

我国考古工作者在内蒙古狼山发现了一些远古时代的岩画。其中一幅画让人百思不得其解，上面画着两个桃子形状的东西，中间偏上方有两个圆圆的小洞，有点像人的两只眼睛，不过，如果这是张人脸却又不见鼻子和嘴巴。在这张"脸"的上方和周围画着很多的球状体，星星点点，纷纷洒洒，有人说是宇宙中的星星，也有人说是飞行器，自天而降。所以，很多人干脆把它称为"天神图"。

在韩乌拉山峰下东边沟口的岩画上，也发现了一些奇异的人头像。其中有一幅人头长着一张方嘴，两只圆眼睛，脑袋上还布满了线状物，就像古人形容的"怒发冲冠"。有人说是头发，有人说是天线，在画中还刻着"大唐"两个字。为什么写上这两个字呢？如果这指的是这些岩画的刻画年代的话，为什么不画佛也不画道呢？要知道，在唐朝，宗教画是非常流行的啊！这到底画的是哪一家的神灵呢？

无独有偶，考古工作者在宁夏贺兰山东麓也发现了一批稀奇古怪的远古岩画，共约300幅。其中北侧一块距离地面1.9米的岩壁上画着一幅人像写意画令人过目难忘。这幅画高20厘米，宽16厘米，头朝向西南方向，戴着一个又大又圆的密封式头盔，头盔与紧身连体套装浑然一体。头盔中间有一个圆形孔洞，也许是观察窗。整个头部就像是现代戴着头盔的宇航员。奇怪的是古代不可能有宇宙飞船，古人也不可能看见过今天的宇航员，那么，他们的灵感是怎么得来的呢？

事实上，类似这样的岩画不止在中国，在世界范围内都屡有出现。在非洲撒哈拉大沙漠中，欧美一些国家的考古学家在恩阿哲尔高原丁塔塞里夫特也发现了一些神秘的人头画像。这些画中的人戴着奇特的头盔，衣着也臃肿可笑。刚开始学者们都不知道这幅画是什么意思。直到美国人造飞船上天，人们才恍然大悟。原来，撒哈拉沙漠岩画上人头上戴的奇特头盔正是现代宇航员的头盔！而这些画中人穿着非常臃肿的服装也酷似现代宇航员的宇航服！我们不禁要问同样的问题，非洲的这些远古人类又是从哪里得来的艺术灵感呢？这是人物写真呢还是远古人类虚构出来的？如果真是人物写真的话，这些撒哈拉沙漠居民真的见到过天外来客吗？

在古代交通不发达的条件下，世界中的许多民族和地区都不约而同地留下了如此怪诞的图案，这不是能用"实属巧合"这类话能搪塞过去的。自古以来，全世界各个民族都有关于天神们开天辟地的神话传说，除了反映远古人类的艰难创业历程，是否也反映了人类祖先对于古代天外来客的原始记忆呢？也许，正是原始人类对这些具有高度文明的天外来客充满了崇拜，把他们当作神来膜拜，并把他们的形象绘画在了石壁上。

这些岩画真的是对天外来客的记忆吗？恐怕这个谜一时还无法解答。

仙字潭石刻
是"仙人"的题字还是先民的刻画

仙字潭石刻是"仙人"的题字，还是先民的刻画？

华安县苦田村，位于福建漳州市北34千米，恰处于九龙江支流汰溪的北岸。在葱葱郁郁的山岭中，点缀着富有民族风格的圆形民居。蜿蜒在山脚下的汰溪之水十分清澈，在此处折而东流，形成一个较大的河湾。而被人们称呼为"仙字"的古刻，就镌刻在汰溪旁这些赭红色的山岩上。这些仙字潭岩刻，岩画刻于临水的石壁上，人们以为"仙人题字"，故名由汰溪形成的河湾为"仙字潭"。岩画分布在长约30米，高约2.5米至5米，从西向东依次分为数组，以人面像、舞蹈以及其他人物活动为主，图像中还散布着各种符号。

华安岩刻相继被发现，引起人们的广泛地关注。它们大多分布于福建南部九龙江下游及其以东地区，除了上文中提到的仙字潭外，没有大面积多图形的地点，一般是在孤零零的一块岩石上刻石作画。包括石井岩画，有5个大小不等的圆形凹穴；石门坑岩画，磨刻在山上路边的一块孤石上，画面最右边是套在一起的两个蹄印形，下边是11个蹄印；草仔山岩画，磨刻在一块孤石上，由5个蹄形组成，还有数蛇形图案；官畲岩画，刻在孤石上，由7个大致表现蹄印和动物形的符号构成；蕉林岩画，是巨石棋布，反映了蛇的题材；高安岩画，由大小均等的11个圆穴组成，可能是星象图；湖林脚印岩画，有男女足迹各一个，相距约1米……

福建境内被称为"仙字"的12处遗迹公布以后，"仙人题字"刻石就成为人们关注的热点。

考古学家、历史学家、民俗学家以及美术史研究专家纷纷云集此地，对这些奇怪"天书"进行破解。尤其对于华安仙字潭刻石，到底是"仙人"的题字，还是先民的刻画，学术界中争论纷纷。这也使得

福建省华安县仙字潭岩画

127

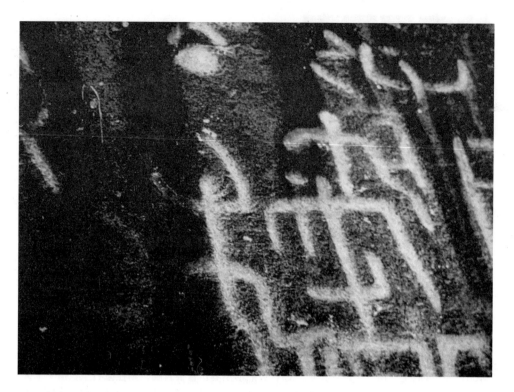

群舞图岩画
福建省华安仙字潭

华安石刻成为最有影响的闽地文物。

华安岩刻，相比较它们所处于的峭壁、悬崖，这些字刻显得是那么平整。根据当地乡老的传说，这些"仙字"是"天公"早已经准备好的。这古老的传说，实在是十分离奇。因为根据古书《漳州府志》中的记载，说道早在唐朝的时候，就有人将汰溪边这些仙字的拓本拿到了洛阳，当时唐朝的大儒学家韩愈是尚书郎，他看过这些拓本之后说，他竟然认识这些字，并且指称那是上苍关于祭祀神仙的诏令。可是后来漳州主修地方志的文官也始终不明白，为什么韩昌黎能够有这么大的本领，认出这些字的面目，在他们的志书中也发出了疑问："韩公何所据？"

古文字学的学者根据古代的文献书籍记录，做出了种种推断。有人认为，那是吴部落的酋长在战胜了夷部落、越部落、番部落三个部落之后，为了记录自己的功勋而作的岩刻；有人说，这些仙字潭上有象形字、大篆、苗文、闽文等历代的文字；有人认为，那些文字是台湾高山族最早的文字记载；还有人认为，那时蛮王和妻子以及被俘虏的敌部落酋长的写真像……举证的人们都能够言之有理，并且常常旁征博引。于是，本来就充满着传奇色彩的仙字潭石刻，更加闪烁着历史的民族的斑驳光彩。

然而，许多美术学史家、考古学家和文物学者则发出了不同的声音。他们斩钉截铁地认为，仙字潭的石刻，不是字，而是画。并且这些画是分布在世界各地的各种奇特的岩画中的一种。

岩画研究学家试着将仙字潭石刻中的图案，和图案化最鲜明的广西花山岩画，以及人物

128

的图案最鲜明的连云港将军崖上的岩画进行了对比，从而指出在仙字潭石刻中的岩画成分。这样，他们得到了一个结论：仙字潭石刻中的所有内容，都可以在太平洋地区的香港东龙洲、韩国的盘龟台、"台湾"的万山以及内蒙古、宁夏等地找到相互进行对照的画面。

仙字潭的石刻中，最突出的特点和比重最大的内容，就是"舞人"。在大约有180平方米的变质岩的悬崖上，舞人几乎分布在每一处地方。福建境内，比较少有反映人们的生活的岩画，而仙字潭的石刻中是最为集中地以人物为中心的。其中，在第一组中的舞人场景，是最为热烈、狂放的。第一组的石刻，位于整幅画面的最西侧，它大约高0.8米，宽0.3米。在画面的上方的人物，手臂一个向上伸举、一个向下扬出，两腿呈弓步。这种舞蹈者的形体和舞姿，在很多其他岩画中都可以看到，几乎是一种基本的舞蹈动作，图案化十分鲜明。这也可以算作仙字潭石刻中确实有岩画内容的实证之一了。

仙字潭石刻中的舞者形态各式各样：双臂上举；一臂上举，一臂卡腰；一臂折肘下垂；双臂下扬作蹲步……甚至有双手持棍棒的各种姿势的舞者，千姿百态。他们往往戴着各种颈项饰品，通常以两个圆点表示。有的画面中，杂在舞者中间标志着一些数字，表示舞者的人数。尤其令人注目的是，在舞蹈的行列中，还有不少兽面和无头的人体，以及众多的圆形的坑穴，有鲜明的祭祀的意义。

然而，我们有难以否认，仙字潭石刻中图案和符号中确实存在文字的性质。这些符号除了有着象形、表意以及比较固定的间架结构之外，也存在着保存和传达信息的功用，至少我们可以说，它处在图像和文字之间的过渡时期。

"是字，还是画"的学术之争，把仙字潭的传奇推向了新的探索。

"仙字"还是一个光怪陆离的谜语，等待人们去破解。

群舞图岩画 福建省华安县仙字潭

地名叫仙字潭，是因为大多数当地人认为潭上的遗迹是一种古怪的远古文字。现代的美术研究家结合国际岩画研究成果认为这是一种岩画。右面的群舞图颇有篆书的风味。

红山文化女神庙里的女神像是谁

女神头像·红山文化
辽宁省牛河梁女神庙遗址

女神庙遗址·红山文化
辽宁省牛河梁女神庙遗址

1983 年 10 月，在辽宁省建平、凌源两县交界处的牛河梁，考古学家发现了又一处红山文化祭祀遗址，推测其原来是一座女神庙，出土一件面涂红彩的泥塑女神头像，头高 22.5 厘米，面宽 16.5 厘米，形体与真人相当。这是迄今为止新石器时代陶塑遗物最重要的发现。牛河梁红山文化"女神庙"遗址的发现，大约分属 5 或 6 个个体的女神像的陶塑残块。尤为珍贵的是神庙主室西侧发现的接近真人大小的彩塑女神像，肢体虽已残碎，但头部基本完好，较为完整的还有肩臂、乳房、手等。在此以前还在喀左东山嘴红山文化的祭祀遗址中发现了两个小型孕妇塑像。据研究，女神庙已残碎的女像可能也与孕妇像一样同属坐姿，女神头部两眼都用圆形玉石镶嵌，更显生动。这 3 尊女神像虽有大小的不同，但显然都是原始崇拜的偶像。红山文化年代跨度约略相当于仰韶文化

130

时代，距今已 5000 多年。

红山文化是距今五六千年间一个在燕山以北、大凌河与西辽河上游流域活动的部落集团创造的农业文化，因最早发现于内蒙古自治区赤峰市郊的红山后遗址而得名。红山文化全面反映了我国北方地区新石器时代文化特征和内涵。其后，在邻近地区发现有与赤峰红山遗址相似或相同的文化特征的诸遗址，统称为红山文化。已发现并确定属于这个文化系统的遗址，遍布辽宁西部地区，几近千处。20 世纪 80 年代中期，对辽西东山嘴牛河梁红山文化女神庙、祭坛、积石冢等进行了一系列的发掘。喀左县东山嘴遗址坐落在山梁顶部中央，面向东南，俯瞰大凌河开阔的河川。这是一处用大石块砌筑的成组建筑遗址，呈南圆北方、中心两侧对称的形制。南部圆形祭坛旁出土的陶塑人像中，有在我国首次明确发现的女性裸像。

与东山嘴相距仅三四十千米的凌源、建平两县交界处，分布着大规模红山文化遗迹牛河梁女神庙、祭坛、积石冢群。牛河梁居大凌河与老哈河之间，为东西走向的山梁。这一带地理环境优越，红山文化遗存密集；以高高在上的女神庙及广场平台为中心，十几个积石大冢环列周围，并且都和远处的猪头形山峰相呼应，形成一个互为联系的祭祀建筑群。目前，发掘工作限于局部，但女神庙已出土大量泥塑人像残块，可辨别出至少分属 6 个人像个体。其中最小的如真人一般大小，主室出土的大鼻大耳竟等于真人的 3 倍。泥塑人体上臂、手、乳房等，与泥塑禽兽残块以及彩绘庙室建筑构件、墙壁残块等，无一不是杰出的艺术作品，而一尊较完整的人像头部，尤为雕塑佳作。头像结构合理，五官比例准确，表情生动逼真，她不仅是我国文明黎明时期艺术高峰的标志，也是亿万炎黄子孙第一次看到的 5000 年前用黄土塑造的祖先形象，对中华文明起源史、原始宗教思想史的研究具有极其重要的意义。女神庙全长约 22 米，宽约 2～9 米，主体建筑长 18.4 米。庙由多室组成，主室为圆形，左右各有一圆形侧室。主室北部为一近方形室，南部似有三室相连，成一横长室；左右对称，主次分明，布局严谨而又有所变化。这种建筑格局，作为中国建筑的传统延续了几千年，已可追溯到此。所以这座女神庙不仅是中国最早的庙，亦可称为东方建筑之祖。

裸女像·红山文化

辽宁省牛河梁第 5 地点 2 号冢出土

1983 年秋季，牛河梁女神庙被发现。1984 年，经国家文物局批准，考古工作者对女神庙进行了正式发掘。尽管女神庙的出土是人们翘首以待的事情，但当它真的被揭露出来的时候，其建筑遗存的完好程度、结构的复杂性，尤其是女神像的规模和精湛的雕塑技艺还是让人大

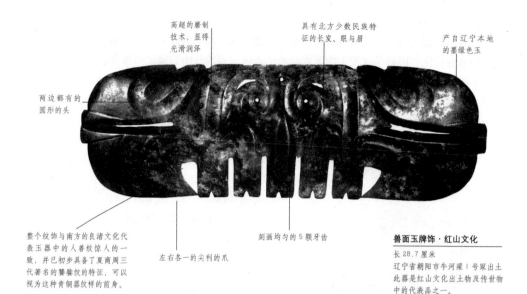

高超的磨制
技术，显得
光滑润泽

具有北方少数民族特
征的长发、眼与眉

产自辽宁本地
的墨绿色玉

两边都有的
圆形的头

整个纹饰与南方的良渚文化代
表玉器中的人兽纹惊人的一
致，并已初步具备了夏商周三
代著名的饕餮纹的特征，可以
视为这种青铜器纹样的前身。

左右各一的尖利的爪

刻画均匀的 5 颗牙齿

兽面玉牌饰·红山文化

长 28.7 厘米
辽宁省朝阳市牛河梁 I 号冢出土
此器是红山文化出土物及传世物
中的代表品之一。

吃一惊。牛河梁遗址由女神庙、祭坛和积石冢等 16
个地点组成，占地约 50 平方千米。女神庙位于牛河
梁诸道山梁的主梁之上，其地位的重要性从地理位
置上也得到了表现。女神庙和其北部的大型山台是
牛河梁遗址的主体。山台地势平稳，系人力加工所
为，南北东西各长 200 米，四周砌以石墙，极似城址。
引人注意的是，神庙与山台的走向完全一致，说明
应是一个整体。在山台北侧也发现有塑像残片和建
筑物架，说明另有一座神庙与女神庙以山台为中心
呈南北对称分布，从而构成一台（或者也可以说一
城）两庙的建筑群体结构。女神像发现于 1984 年 10
月 31 日的上午。一位参加发掘的考古队员后来回忆
说，根本无法找到一个恰当的词来表达那时的心情。
是欣喜若狂吗？显然不是。当女神像被一点点剥离
出来的时候，人们都屏住了呼吸，整个工地悄然无声，
只有小铲和小刷子剥离泥土的声音在沙沙响着。当
女神头像完全显露出来的时候，辽宁省博物馆的摄
像师不失时机地把这激动人心的瞬间定格在胶片上。
后来，这张照片被题为"5000 年后的历史性会面"。
照片上，女神坦然而镇定地注视着 5000 年后的人们，
嘴角带着一丝若有若无的微笑。

牛河梁红山文化女神庙是中国首次发现的远古神殿，其遗址中文化内涵与宗教遗存的丰富程度都是任何其他遗址所无法比拟的。它的发现，对中国史前宗教及文明起源的研究都有着非同寻常的意义。女神被有些人称为"中国的维纳斯"，但是这个维纳斯究竟代表何方女神，她究竟从何处以什么样的身份来主持着古老的红山文化？有人从历史古籍神话传说里查找女神的庐山真面目：《帛书》简述了伏羲、女娲氏族的形成及历史贡献。说伏羲女娲是中华各族的共祖，并不是神话。公元前7704年伏羲卒于桐柏鸡公山。女娲代立，时年52岁。伏羲二世、三世皆听命女娲，女娲死后葬于风陵渡。辽宁牛河梁（红山文化）女神庙中宫内端坐着一位比真人大3倍的裸体女娲娘娘，两边是龙凤巨型陶塑，四周坐满站满最小也与真人大小一样的裸体女神（有的还是孕妇），她们可能是历代黄帝、少昊、颛顼等氏族的母系祖先。也有人从女神所处的环境及女神庙的历史痕迹考察她的身世归属。但是作为无语的历史，女神的微笑如同蒙娜丽莎的微笑一样等待后人更加精确的解读。

斜口筒形玉饰·红山文化
辽宁省牛河梁女神庙遗址
出土
此饰出土时置于死者的臂
上，可能是古人用来箍臂
的器物。

牛河梁女神庙遗址
辽宁省建平县·凌源县

良渚文化 为何有众多玉器

良渚文化是我国长江下游太湖流域一支重要的古文化，因 1936 年原西湖博物馆施昕更先生首先发现于余杭市良渚镇而命名，距今约 5300～4000 年。

经过半个多世纪的考古调查和发掘，初步查明在余杭市良渚、安溪、瓶窑 3 个镇地域内，分布着以莫角山遗址为核心的 50 余处良渚文化遗址，

瑶山遗址·良渚文化

浙江省余杭市
瑶山遗址是一处大型的良渚文化墓地，出土的玉器极为精美。

有村落、墓地、祭坛等各种遗存，内涵丰富，范围广阔，遗址密集。20世纪 80 年代以来，反山、瑶山、汇观山等高台 土冢与祭坛遗址相复合，以大量殉葬精美玉礼器为特征的显贵者专用墓地的发现，莫角山大型建筑基址的发现，显示出良渚遗址已成为实证中华五千多年文明史的最具规模和水平的地区之一，并将成为东方文明圣地。

良渚文化最著名，最有特色的就属她的玉文化，是中国玉文化的源头，并且一开始就显现出不凡的艺术魅力。良渚文化为何在五千年前就有如此出众的玉文化？先民们为何要雕琢哪么多玉器，他们又是如何雕琢的？其中有许多迷等待解答。

有人说是因为装饰，美化生活的原因。

中国玉文化源远流长，玉在人们心目中有着崇高的地位。玉，一般晶莹剔透，既使是少量瑕疵，也是"瑕不掩瑜"，其石料很稀有，因此也非常珍贵。玉石还不能称为"玉"，要经过匠师的精心雕琢，成为具有各种内涵的玉器，正所谓"玉不琢，不成器"。玉有太多美好的品质，因此就往往把具有高洁品质的人和玉相联系。可以证实东周和春秋战国时期就形成了，把玉当做自己（君子）的化身的礼仪。贵族，士大夫佩挂玉饰，

山形玉饰·良渚文化

浙江省余杭市瑶山 7 号墓出土
山形玉饰刻有神秘的人面纹，精雕细琢，与美洲玛雅文化中的神人纹惊人的相似。

以标榜自己是有"德"的仁人君子。"君子无故，玉不去身。"君子必配玉，玉只可配君子。汉许慎在《说文解字》中说，玉，石之美兼五德者。所谓五德，首先指玉的 5 个特性，具坚韧的质地，晶润的光泽，绚丽的色彩，致密而透明的组织，舒扬致远的声音的美石。然后是比附人的五个美德：仁、义、礼、智、信。

装饰生活、美化自己是人的天性，远在 9000 多年前，生产水平极端低下的山顶洞人，在闲时也不忘磨制骨器，石头制作项链等装饰品。7000 年前鱼米之乡河姆渡的先民也是如此，在选石制器过程中，有意识地把拣到的美石制成装饰品，打扮自己，这就揭开了中国玉文化的序幕。在距今四五千年前的新石器时代中晚期，辽河流域，黄河上下，长江南北，中国玉文化的曙光到处闪耀。而最为著名的便是良渚文化出土的玉器。良渚文化玉器种类较多，典型器有玉琮、玉璧、玉钺、三叉形玉器及成串玉项饰等。这些玉器都造型精致，刻有各式图案，有很强的装饰作用，特别是，成串的玉项饰。所以说良渚文化出现如此多优美的玉器，是因为装饰生活的原因不无道理。

另一种说法是，良渚玉器大量产生，不仅仅是装饰，而是有更深的文化内涵。把玉作为装饰品反而是更后的事情了。此说的证据首先是从良渚玉器本身情况来说。

良渚玉器以体大著称，显得深沉严谨，不是很适合随身的装饰，是否用于装饰住所还没能考证，但在当时生产力并不发达的情况下，是否会产生这样的需求还是值得商榷。

最能反映良渚琢玉特色的是形式多样，数量众多，如使人高深莫测的玉琮和兽面羽人纹的刻画。良渚玉琮系软玉雕琢而成，从外观看呈外方内圆、上大下小形，每个面的转角上有半个兽面，与其相邻侧面转角上的半个兽面组成一个完整的兽面。这些物品充满神秘气息，现在看来其形状和图案也是令人惊异，隐隐透出一股凉气。这些玉琮的用途应该是与宗教祭祀、财富权力有关。战国《周礼》书中曾有"苍璧礼天"、"黄琮礼地"之说法。东汉郑玄注"璧圆像天，琮八方像地"，都说明玉琮与对鬼神的崇拜相关。

因此他们认为良渚玉器更深的文化内涵是对鬼神的敬畏，是用于祭祀的神器，由此有衍生出"玉"作为权力的象征。这一点从后来的"玉"的地位可以反证，"玉"不仅仅作为装饰，作为美好品质的象征，在中国文化上，从一开始就更多的是作为具有神圣地位的、能显示权力的神器。

长江中下游一直就有神秘巫术文化传统，楚国文化强烈的巫术气息，可能就是从此地久远的人类文明——良渚文化继承的。有人认为，良渚文化就是"蚩尤"为首领的部落文化，据考证良渚文化时期已经有初步的政权，可以称为良渚古国。后被中原炎黄部落为首的青铜文化所打败，共同汇入中华文明

玉琮·良渚文化

高 18 厘米
浙江省余杭瑶山墓地出土
琮作为礼器，显示了墓主尊贵的
地位，是社会权力的象征。

玉琮·良渚文化

浙江省余杭市反山 12 号墓出土

反山墓地是良渚文化遗址出土玉器最多、最美的地区之一。玉琮的局部放大图是一位头戴羽冠的神巫双手扶着兽角时端庄肃穆的样子。他的双脚从兽嘴下延伸出来。

之中。从历史上看，良渚文化时代的玉文化不仅没有随良渚文化的衰亡，而消失，而且被后来的夏、商、周三代王朝全面继承下来，成为古代中华文明最具特色的内容。夏、商、周三代从良渚文化继承的玉文化，包括一些具体的礼器，如象征王权的军事统帅权的玉钺、祭祀天地的玉琮、玉璧、玉圭、玉璜等；甚至连玉琮上那个表征良渚文化宗教信仰系统的神人兽面纹，都被夏、商、周王朝全面继承下来，成为三代礼乐文明的重要内涵。

良渚文化是神秘而又辉煌的，其为何有如此多的玉器，主要是因为装饰，还是另一种观点因为祭祀尚不能明确，不过良渚玉器形制奇特，肯定包含着先民神秘的思维。

塞外彩色陶罐 来自何方

　　在新疆维吾尔自治区乌鲁木齐南郊乌拉泊水库旁的一座古墓中，曾出土了一件彩色单耳小陶罐，罐高 14.8 厘米，口径 9.5 厘米，底径 5.5 厘米。这是一件敞口短颈、鼓腹圆底的陶罐，在颈腹间还有一宽带状的单耳。陶罐为手制，外涂一层土红色的陶衣，陶衣上通体涂绘暗红色的花纹。陶罐颈部是上下两排三角形花纹，腹部为上下两个三角形花纹演变而成的勾连的涡卷纹，耳柄上绘有斜纹方格网状纹，口沿内壁还绘有一圈带纹。整个陶罐制作精巧，色泽艳丽，纹饰醒目，是一件美丽的原始艺术品。令人惊异的是在哈密哈拉墩地区和乌鲁木齐南山阿拉沟地区的古墓中，均发现了同样的陶罐。这是古代哪个民族的创造？陶器上彩绘三角纹、涡卷纹的花纹表现了什么？这些问题令人百思不得其解。

　　提起彩陶，人们马上就会联想到著名的仰韶文化。仰韶文化的发现要追溯到上个世纪初期，为了调查古脊椎动物的化石，瑞典著名的地质学家安特生博士来到中国。1921 年初，安特生博士派往河南渑池仰韶村寻找古脊椎动物化石的工作人员虽然没有带来古脊椎动物的化石标本，却带回来了 600 多件磨制石器（细石器），而且这些石器全部是在仰韶村采集的。凭借一个科学工作者的专业素质，安特生博士马上意识到河南仰韶地区可能存在着一个相当大的人类新石器时期遗址。1921 年 4 月 8 日，安特生第二次出现在仰韶（第一次是在 1918 年底，目的是为了寻找古脊椎动物化石，因此一无所获），在村南冲沟的断面上，他发现了一个厚厚的灰土层，其中不仅有磨制的石器，还有大量的彩陶。面对大量精美的彩陶以及与其相对应的磨制石器，安特生博士决定对这一地区进行更为细致的考察。安特生回到北京以后，马上征求当时的农商部以及中国地质调查所的同意，并且与河南渑池县政府联系，取得当地政府的支持。安特生一行于 1921 年 10 月第三次奔赴仰韶，进行正式的挖掘工作。此次发掘从 10 月 27 日开始到 12 月 1 日结束，历时 35 天。这是安特生在中国进行的最大和最详细的发掘工作，其影响直至今日。安特生把这些远古人类遗存命名为"仰韶文化"。由于仰韶文化的主要特征就是彩陶，因此人们也把仰韶文化称之为"彩陶文化"。这在中国历史上还是第一次运用现代科学的"文化"概念取代了传统史学的神话传说。

三角网纹单把杯

通高 11 厘米，口径 9.8 厘米
新疆维吾尔自治区和静县察吾乎沟 4 号墓地 175 号墓出土
这件用夹砂红陶制成型的陶器前有流，后有把，为日常
生活中使用的水器。陶罐造型简朴，饰有倒三角网纹。

距今 6000 多年的半坡彩陶上就绘有鱼纹、蛙纹等动物花纹，更有宽带纹、三角纹等几何形花纹。在生产力还十分低下的远古时代，人们何以制造和绘饰甚至于与那个时代极不相称的彩陶文化，至今仍是个谜。面对琳琅满目的彩陶文化，我们为其灿烂的风采所倾倒，也因此迷茫不解而困扰。彩陶文化的研究者总结出彩陶的种类繁多，比如倒三角纹、大倒三角形的网状纹，还有倒三角纹演变而成的涡纹、竖条纹、平行短纹、树枝纹、弧线纹、棋盘格纹等。另外研究者也发现很多地方的出土陶器上的花纹样式及其构造方法上都比较类似，那么，世界上是不是存在着一条彩陶文化带？是不是在新石器时代晚期，有一支以彩陶文化为代表的先进农业集团由西向东进入了中国的黄河流域，然后这条线也就在中国境内绵延开来，形成了从新疆到中原的彩色陶器文化？英国考古学家赫伯森先生推论："彩陶文化的传播路线应该是由西向东的，源头是中东的两河流域，因此在中国的西部特别是新疆地区一定会留下传播痕迹，很有希望发现相同的彩陶。"事实上新疆塞外彩色陶器的发掘呼应了这一推论。

民俗学专家告诉我们，在古代，人们对墓穴的朝向的选择，往往是一个民族认为自己民族的来源之所的方向，表示对于远古时期故土的怀念。而观察总结可以知道，半坡遗址中所有的墓穴都朝向西方，同属于仰韶文化的北首岭、姜寨、横阵、元君庙、史家等史前遗址的墓穴朝向也与半坡相同。在位于河南西南部的淅川发现的仰韶文化遗址中，墓穴的朝向为西稍微偏北，而郑州和洛阳地区仰韶文化遗址中的墓穴，朝向基本上是西稍微偏南。而与仰韶文化关系紧密的齐家文化范围内的甘肃永靖县史前人类遗址，其墓穴分为南北两片，南部墓穴 99 座，朝向全部西偏北，而北部墓穴 29 座，朝向一律正西，也是以西为主。而新疆察吾乎沟、罗布泊、焉不拉克、艾丁湖、苏巴什、巴里坤草原、伊犁河谷地区、阿拉沟等地发现的彩陶文化墓穴的朝向，也都是朝向西方。那么如果民俗学家所总结的可以与彩陶文化现象相合并的话，彩陶的文化迁徙方向是不是就可以被认为是从西到东的？但是这些也只是猜测和推论而已，并不能确切地说明什么结论。在新疆发现的彩陶作为一种文化的代表或者最先昭示，它必然带给我们广阔的空间去接近曾经的辉煌与智慧。

中国彩陶文化分布

名称	时间	纹样	主要分布地
仰韶文化	前 4000～前 3000 年左右	以鱼类水族、鸟类为代表	陕西 河南 山西
龙山文化	前 3000～前 2000 年	龙纹、几何纹及变体动物纹	河南 陕西 山西 湖北 山东 河北 江苏
大汶口文化	前 4000 年左右	几何纹（八角星纹最为著名）、花瓣纹	山东 河南 江苏
马家窑文化	前 3000～前 2000 年左右	神人纹、蛙纹、几何纹、旋纹	甘肃 青海
齐家文化	前 2000 年左右	木纹、线纹	甘肃 青海
大溪文化	前 4000 年左右	绳索纹及交体动物纹	四川 湖北 湖南 河南
屈家岭文化	前 3500 年左右	太极式阴阳双关纹	湖北 湖南 河南
北阴阳营文化	前 3500 年左右	带纹、网纹、十字纹及曲线纹	江苏 安徽
良渚文化	前 3000～前 2100 年左右	十字花形纹及曲折线菱格纹	浙江 上海 江苏
红山文化	前 4000～前 2000 年	粗犷的几何纹及线纹	东北地区

禹王碑书写的是什么

禹作为一个做出多方面伟大贡献的民族英雄，因为制服了史前大洪水而受到人们的崇拜，特别是为治水，三过家门而不入的精神。因此关于他的神话传说也很多。

相传大禹开山制服洪水后留了一块碑竖立在衡山岣嵝山峰上，但人们一直没有找到它。据记载，早在唐代德宗时期，著名文学家韩愈、刘禹锡等就听说过衡山有禹王碑的事实了。由此可见，最迟在唐代德宗以前，禹王碑就早已竖立在衡山上了。据说，韩愈曾游览衡山，却没有亲眼看到禹王碑。他在《岣嵝峰》一诗中写道："千搜万索竟何有？森森绿树猿犹悲。"同时，刘梦得却记述"祝融峰上有'神禹铭'古石，琅玗姿秘，文蝌虎形"，肯定此碑实有之，独异好古者搜索不得，遂致疑以传疑："岣嵝何须到，韩公浪自悲。"

直到南宋宁宗嘉定五年(1212)，有一个名叫何致的人游览衡山，在樵夫的指引下，终于找到了这块禹王碑。他照原样拓描下来，回到长沙，摹刻了一块碑竖立于岳麓山。从此，岣嵝峰的禹碑名扬四海。据描述，碑面宽110厘米，高184厘米，共77字，每字径约17厘米。

据学者研究，这篇碑文既不同于甲骨钟鼎文，也不同于籀文蝌蚪文，很难辨认，杨慎释文也只是一说，难做定论。

据古代传说，大禹为了寻求治水方法，日夜奔波于三山五岳，后来，大禹在南岳衡山梦见苍水使者，在仙翁的指点下，获得有治水方略和金简玉书，终于制服了洪水，有些人根据此

禹王像·南宋·马远

神话传说而猜测：禹王碑正面所刻77个奇字就是大禹记述有关治水方略的内容。但传说毕竟是传说，要揭开石碑的真正面目还要依靠科学。据明代学者杨慎等对禹王碑的考译，全文77字，有两层意思，一是舜命禹去治水；二是禹治水历尽千辛万苦，累弯了腰，长年泡于水中，连汗毛也掉了，最后治平了九州洪水。还有其他学者考证过，结果大同小异。

许多学者认为，一个人有天大的本事，也不可能创造如此复杂的汉字。目前史学界书法界普遍同意一种观点：汉字是远古时代的先民们在长期的生产、生活实践中，逐渐积累，几经约定俗成后，为人们共同认识、使用而创制的。但为何其字形奇怪，既不像大篆，更不像小篆，也没有一点甲骨文的痕迹。无论如何仅凭这些文字是考证不出其内容的。

禹王碑至今仍是无法彻底揭晓的一个谜，它涉及远古历史及古文字发展问题，只有等待哪一天像甲骨文样大量发现，才有可能通过相互对照来解读。

西周微刻甲骨文之谜

甲骨·西周

宽6.5厘米，高7.1厘米
陕西省岐山县凤雏村出土
在宗庙的西厢房中出土周初甲骨1.75万
余片，其中有字甲骨近300片，它是研
究周初历史、周人与商人关系、周人与
周围部族关系的重要史料。

1976年，考古工作者在陕西省岐山县凤雏村发现了西周初年的甲骨文。据研究，刻有微型文字的甲骨文共有293块，大都是周文王晚期到周康王初期的作品。这些刻在甲骨上的文字细若发丝，需要借助5倍以上的放大镜才能辨清。在当时的条件下竟能刻写出这么小的字，简直让人难以置信！一团迷雾笼罩在考古学界：这些文字是怎么刻上去的？

2002年，考古工作者在陕西城固县宝山村商代遗址烧烤坑出土了一枚距今约3000多年的铜针。铜针首端又尖又细，末端还有一个微小的针鼻孔，孔径仅有0.1厘米。其做工精致，让现代人为之惊叹。这个铜尖针是做什么用的？有人认为，这样的铜针就是用来微刻甲骨文的。

那么，微刻出这么小的文字让别人怎么看呢？甲骨上的文字是需要借助数倍以上的放大镜才能辨别得出的！即使没有放大镜，也不能说明当时就没有办法微刻出这么细小的文字。因为有些人的视力是可以超过常人数倍的。今天选拔飞行员的标准，其中一条就是要求视力必须超过常人。另外，现代医学研究发现，患有某些眼疾的人如中心性网络膜炎晚期、黄斑部病变结痂前期等，看东西会比实物大数倍。西周时期有没有人得这些病，我们不得而知，但也不能排除这种可能性。事实上，古人的视力究竟怎样，我们真的一无所知。在美洲丛林中有一个与外界接触较少的部落，他们竟然能用肉眼看见人造地球卫星！这是否说明，原始人类比现代人类的眼睛要好得多呢？

还有一个问题，这些微刻出来的甲骨文有什么作用呢？又是刻给谁看的呢？据专家研究，这几百片甲骨文所记载的内容多是周与商王朝的关系，商王的狩猎以及占卜之类。有人认为，这些内容之所以要微刻是因为关乎"军事机密"。众所周知，商王朝是被周王朝取而代之的，在灭商之前周人必须进行一番长期而又秘密的准备工作。"这些工作除了发展势力，访贤任能，研究周与商的关系，对商王行踪进行侦察也是必不可少的。"这种记录当然属于国家机密，必须严格保密，所以聪明的周人就想到了微刻的办法。

当然，微刻的办法可能是想出来的，也可能是偶然发现的。如果是想出来的，那说明微刻技术在当时就已经存在了，周王只需要任用一些微刻能手就行。但也许当时并没有什么微刻艺术，只是那些专门负责占卜及其观察天象等职责的巫史在长期思想高度集中的状况下视力得到了提高或者出现了眼疾，从而恰巧发生了看东西比实物大几倍的事情，于是微刻出这些甲骨文也就是自然的事情了。

在科技并不发达的古代，人们是怎么完成如此精细的工作的呢？至今尚无定论。

长沙楚墓帛画中的妇人形象是谁

　　1949年春天，湖南长沙市东南郊陈家大山楚墓出土的一幅帛画，距今2200～2300年，是目前世界上发现的年代最早的帛画之一。帛画高约28厘米，宽约20厘米，画面中部偏右下方绘一侧身伫立的妇女，身着卷云纹宽袖长袍，袍裾曳地，发髻下垂，顶有冠饰，显得庄重肃穆。在她的头部前方即画的中上部，有一硕大的凤鸟引颈张喙，双足一前一后，作腾踏迈进状，翅膀伸展，尾羽上翘至头部，动态似飞。画面左边自下而上绘一只张举双足、体态扭曲向上升腾的龙。由于长期埋葬在地下，帛画出土的时候显得比较灰暗，几乎难于辨认。于是也就出现了新旧临摹版的差别之说。早在20世纪50年代初，郭沫若就根据当时的旧的临摹版本进行过研究，先后在《人民文学》上发表过两篇文章，论述帛画在我国文化艺术史上的地位。郭老认为妇人左上方的一兽一禽为夔（古代传说里的独角兽）和凤，并把帛画定名为"人物夔凤帛画"。画中妇人的身份，郭老未作更明确的考证。

　　20世纪80年代以来，通过对原画的重新鉴定，加上另外一些年代相近的帛画相继出土，不少专家学者多次撰文对帛画的主题思想以及它的用途做出了迥异的研究结论。如《江汉论坛》1981年第一期发表的熊传新《对照新旧摹本谈楚国人物龙凤帛画》一文，认为帛画的结构和布局有上中下三层，上层为天空，左上方的兽是我国古代神化了的龙，而不应该是夔。作者认为画中妇人即墓主的画像。美术史家金维诺先生也支持这种看法，他在《从楚墓帛画看早期肖像的发展》中，认为这些画上的中心人物均为死者本人是可以肯定的，并认为此类帛画是我国肖像画的滥觞。

　　香港中文大学名誉教授饶宗颐先生经过详细考证，认为此帛画应视作《山鬼图》。王伯敏先生在他近年出版的《中国绘画史》中认为：这是一幅有迷信色彩的风俗画，描写一个女巫为墓中死者祝福。

　　但是帛画人物里的妇人究竟是谁？她的身份和地位究竟是什么？她的各种姿势确切的是要表达什么意思？这些还仍然是未解的谜，期待更进一步的考证和解读。

人物龙凤图·战国

高 31.2 厘米　长 23.2 厘米
湖南省长沙市陈家大山楚墓出土

勾践剑和夫差戈
为何在相邻的地方出土

吴越之地，自古便以冠绝天下的铸剑术著称。在吴、越两国所铸青铜器中，兵器既精且美。春秋中晚期，随着吴越对外军事扩张的需要，其兵器铸造业也呈现出空前发展、繁荣的状态，因此，"吴戈越剑"不仅为时人所艳羡，其美名还流传千古，为历代所称道。

越王勾践剑出土于1965年12月，刚出土时，装在黑色漆木剑鞘内，剑与鞘吻合较紧。剑身寒光闪闪，毫无锈蚀，试之以纸，20余层一划而破。可见史书记载的"夫吴越之剑，肉试则断牛马，金试则断盘盂"不是虚妄之语。剑全长55.6厘米，剑格宽5厘米，剑身满饰黑色菱形几何暗花纹，剑格正面和反面还分别用蓝色琉璃和绿松石镶嵌成美丽的纹饰，剑柄以丝线缠缚，剑首向外翻卷作圆箍形，内铸有极其精细的11道同心圆圈。剑身一面近格处有铭文两行8字，为鸟篆，释读为"越王鸠浅（勾践）自乍（作）用镒（剑）"8字。

越王勾践剑经检测得出其主要成分为铜、锡、铅、铁、硫、砷等元素，各部位元素的含量不同。剑脊含铜量较多，韧性好，不易折断；刃部含锡高，硬度大，非常锋利。脊部与刃部成分不同，采用了复合金属工艺，即先浇铸含铜量高的剑脊，再浇铸含锡量高的剑刃，使剑既坚韧又锋利，收到刚柔结合的良好效果。剑格含铅量较高，这种材料的流动性较好，容易制作剑格表面的装饰。另外，在剑格、剑茎和剑身上所饰的菱形几何形黑色暗纹含硫化铜，有利于防锈，是当时一种先进的独特工艺，这也许就是该剑保存至今2000余年而毫无锈蚀的原因之一。该剑上的8字铭文，刻槽刀痕清晰可辨，是铸后镂刻而成，而非铸就。铭文为鸟篆，笔画圆润，宽度只有0.3～0.4毫米。越王勾践剑集当时各种先进的青铜冶铸技术于一体，代表了当时吴越铸剑技术的最高水准，制作之精湛，可谓鬼斧神工。

略呈弧线形的锋部

吴王夫差戈铭文·春秋

戈身满饰黑色的菱形暗纹

突出的中脊上带有血槽，血槽的后端各有一兽头。

错金铭文是当时贵族所使用的兵器上盛行的一种装饰手法。

吴王夫差戈·春秋
长29.5厘米，宽3厘米
湖北省江陵县马山出土

提及勾践剑，不禁使人想起"卧薪尝胆"这段史实。春秋中期后段（约公元前6世纪前半叶），吴越两国国力渐趋强盛，至春秋晚期达到顶峰。当时中原地区王室衰微，诸侯争霸，战争愈演愈烈，吴越两国也介入其中。

公元前515年，吴公子光刺杀吴王僚，代立为王，是为吴王阖闾。阖闾即位，重用楚国亡臣伍子胥和军事家孙武，西破强楚，国势益隆。公元前496年，越王允常新丧，子勾践继立。阖闾乘机兴兵伐越，勾践迎击之，大败吴军，吴王亡，太子夫差继位，以报仇为志。公元前494年，夫差领精兵伐越，大战于夫椒，越军被击败，勾践仅以五千甲兵退保于会稽山上，屈辱求和，卑身事吴。

此后，夫差挥师北上，与齐、晋等国争雄，连年征战，兵疲民困。勾践则表面上臣事于吴，背地里苦身焦思，发奋图强，伺机复仇。史载他平常置苦胆于座，坐卧即仰胆，饮食亦尝胆，时时提醒自己勿忘会稽之耻。公元前482年，夫差率精锐北上，与晋、鲁等国会于黄池（今河南封邱南），争为盟主。勾践乘虚伐吴，攻占吴都，杀吴太子友。夫差仓促回师，与越讲和。自此，吴国一蹶不振，越国益强，两国又数度交战，吴皆败。公元前473年，勾践终灭吴，夫差自杀身亡。

"卧薪尝胆"的历史已经过去很久，但勾践这种矢志不移的精神却一直鼓舞后人自强不息，奋发向上，因此1965年越王勾践剑的出土格外引人注目。1983年11月在湖北省江陵县的楚墓又出土了吴王夫差戈。越王勾践剑和吴王夫差戈都出土在当年的楚汉之地湖北，有什么巧合吗？

有些考古学家和史学家认为是礼赠和赏赐的缘故，由于吴越出宝剑，故在吴越两国与其他国家的交往中，被作为赠赐的贵重礼物而到了楚国。"季札挂剑"的著名典故，就是以剑礼赠外邦之君的一个例子。

有些学者则认为是出于战争和掠夺的原因，战争是古代文化传播的重要纽带，吴戈越剑作为一种文化的象征或者战后的战利品，也随着战争来到了当时的楚国。

还有人认为，楚越有姻亲，楚惠王之母系越王勾践之女，所以作为陪嫁勾践剑留于楚。当然也不排除有其他可能，比如民间流失到楚国，毕竟当时的国家那么小。

历史已远去，勾践剑和夫差戈的"相逢"仍然有待于考古学家的进一步考证。

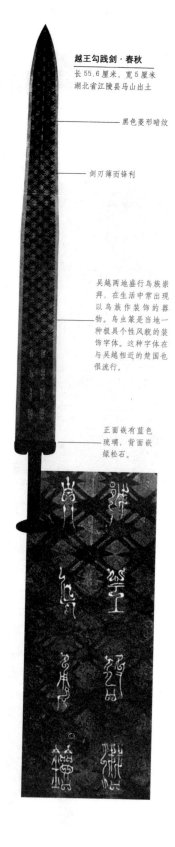

越王勾践剑·春秋

长55.6厘米，宽5厘米
湖北省江陵县马山出土

—— 黑色菱形暗纹

—— 剑刃薄而锋利

吴越两地盛行鸟族崇拜，在生活中常出现以鸟族作装饰的器物。鸟虫篆是当地一种极具个性风貌的装饰字体。这种字体在与吴越相近的楚国也很流行。

正面嵌有蓝色琉璃，背面嵌绿松石。

传国玉玺 流落何方

　　玺是中国古代封建帝王的宝印。而传国玉玺在所有的宝玺当中无疑是最为宝贵的，有关它的传说几千年来也无不充满了神秘的色彩。这枚玉玺之所以称为"传国玺"，与历史上赫赫有名的秦始皇有关。

　　自卞和发现和氏璧后，它一直是楚国王室的重器，后来楚王将它赏赐给了大臣。之后，和氏璧下落不明。后来，和氏璧流传到了赵国。这块和氏璧在赵国时还引出了一场著名的历史剧并留下了一个成语"完璧归赵"。后来秦灭赵国，和氏璧最终还是落到了秦王手里。秦始皇把和氏璧定为传国玺，令丞相李斯在玉上刻"受命于天，既寿永昌"，希望代代相传，没想到在秦二世手里就亡了国。刘邦进咸阳后，子婴"上始皇玺"，刘邦称帝"服之，代代相受"，又把"秦传国玺"御定为"汉传国玺"。到了西汉末年，外戚王莽篡位。当时的皇帝刘婴才两岁，传国玺由汉孝元太后代管。据《汉书·元后传》记载，当王莽让弟弟王舜向汉孝元太后索要时，汉孝元太后破口大骂："而属父子宗族蒙汉家力，富贵累世……乘便利时，夺取国玺，不复顾恩义，如此者，狗猪不食其余！"说着，汉孝元太后愤怒地将传国玉玺摔在地上，国宝被摔得缺了一个角。后来虽然后人用黄金镶补着，但自此留下瑕痕。传国玺再一次失踪是在东汉末期。那时政局动乱，汉少帝连夜出逃把传国玺落在宫中，等他回来时，传国玺已经不见了。不久，长沙太守孙坚征讨董卓时，在洛阳城南甄官井中找到了这枚传国玺。

　　从这以后一直到唐代，随着政局的动荡和少数民族的南下，传国玺不断易主。唐高祖李渊得到传国玺后，把"玺"改称为"宝"。传国玺最终在历史上失踪是在五代。从宋太祖时，就再也没有人见到过这块刻有"受命于天，既寿永昌"的传国玉玺。

　　不过，有关发现传国玺的记载却不绝于书。如北宋绍圣三年(1096)，咸阳段义在河南乡挖地基盖房时，竟挖出一"背螭纽五盘"的玉印。经十多名翰林学士鉴定，为"真秦制传国玺"。明弘治十三年(1500)，有人又从零县的"泥河滨"中发现传国玉玺，不过，皇帝认为这不是真的，"却而不用"。清朝初期，据说宫中藏有一枚刻着"受命于天既寿永昌"的玉玺。可是，这枚被当时人称为传国玺的玉玺却遭到乾隆皇帝的冷落。皇帝都认为是假的，看来这枚所谓的传国玉玺也是伪造出来的，并不是真正的国宝。

　　那么，真正的传国玺流落何方呢？直到现在也没有发掘出来。

受命于天既寿永昌玺·秦（传）

边长2.6厘米，高3.4厘米
北京市故宫博物院藏
此玺发现于乾隆年间，后被进贡给
朝廷。但乾隆皇帝对这枚玺并不很
重视，认为是仿制品。

银雀山汉简是谁人所有

1972年4月，在银雀山西汉一号墓和二号墓中发掘出土了以《孙子兵法》和《孙膑兵法》竹简书为主要内容的先秦古籍，震动国内外，被誉为中国当代十大考古发现之一。

发掘地点位于山东省东南部的临沂市，临沂历史悠久，文化灿烂。市区东南有两座山岗，古代相传两地均遍布一种灌木。此木春夏之交，鲜花盛开，花形似云雀，东岗为黄色，西岗为白色，故得名为金雀山和银雀山。两岗已定为省级文物重点保护单位。自1970年以来先后发掘墓葬百余座，出土了大批珍贵文物，现已在银雀山西南麓建成了我国第一座汉墓竹简博物馆。

银雀山汉简数量之多，保存之好，令人惊奇。为何能有如此多的汉简呢，墓主人是什么身份，藏下一大批并不容易存放的竹简，而且使其能千年不腐？

有人说，墓主人肯定是个将军。因为发现的竹简都是兵书，其中还有失传已久的、人们不断争论是否曾有过的《孙膑兵法》。秦始皇焚书，使得先秦文献付之一炬，后世人们只能不断寻求散落在民间的文献，每一次发现都激动人心。《孙膑兵法》在其他文献中都有相关介绍，可是却一直没有找到原文，人们都开始怀疑其真实性，直到两千年后的现代人方有幸看到这部书。特别是《孙子兵法》和《孙膑兵法》同墓出土，失传了近两千年的《孙膑兵法》重见天日，解决了历史上关于孙武与孙膑其人其书的千古论争。由于《孙膑兵法》的失传，致使孙武与孙膑、《孙子兵法》与《孙膑兵法》的关系混淆不清。后人或说《孙子兵法》源出于孙武，完成于后人；或说《孙子兵法》是孙武和孙膑两人所为；再者认为孙武即孙膑，是一个人。竹简兵书的出土，证实了孙武仕于吴，孙膑仕于齐；分别是春秋和战国人，孙膑乃孙武之后世子孙，二人各有兵法传世。

《孙子兵法》是中国古典军事文化遗产中的璀璨瑰宝，是中国优秀文化传统的重要组成部分。其内容博大精深，思想、逻辑缜密严谨。它大约成书于春秋末年，作者为春秋时期伟大军事家孙武。该书自问世以来，对中国古代军事学的发展产生了巨大而深远的影响，被人们尊奉为"兵经"、"百世谈兵之祖"。历代兵学家、军事家无不从中

《孙子兵法》竹简·西汉

残长21.5厘米、18.5厘米
山东省临沂市银雀山出土

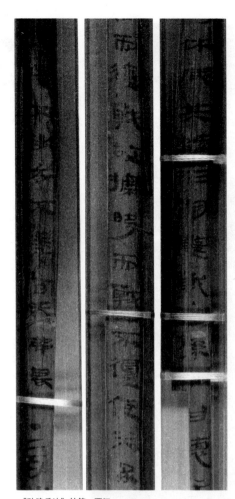

《孙膑兵法》竹简·西汉
残长 27 厘米、26.8 厘米、35 厘米
山东省临沂市银雀山出土

汲取养料，用于指导战争实践和发展军事理论。三国时著名的政治家、军事家曹操第一个为《孙子兵法》作了系统的注解，为后人研究运用《孙子兵法》打开了方便之门。《孙子兵法》不仅是中国的谋略宝库，在世界上也久负盛名。8 世纪传入日本，18 世纪传入欧洲。现今已翻译成 29 种文字，在世界上广为流传。英国著名军事理论家利德尔向人透露：他的军事著作中所阐述的观点，其实在 2500 年前的《孙子兵法》中就可以找到。他也确实对孙武及其著作深感兴趣，不仅为《孙子兵法》英译本作序，还在自己的得意之作《战略论》前面大段引述孙武的格言。1991 年海湾战争中，美国海军陆战队军官都奉命携带一本《孙子兵法》，以便在战场上阅读。

《孙子兵法》历代都有著录，而银雀山汉墓出土的竹书《孙子兵法》为迄今最早的传世本，最真实地再现了作者的思想。后代传下的版本有多处改动，未能体现原貌，多是后人附会上去的，因此此次发现具有重要的历史意义。

银雀山汉简兵书的内容，除了鼎鼎大名的《孙子兵法》、《孙膑兵法》外，还有《为国之过》、《务过》、《分土》、《三乱三危》、《地典》、《善者》、《五名五恭》、《起师》、《奇正》、《将义》、《六韬》、《尉缭子》、

彩绘云气纹漆盘·西汉
左：径 25 厘米，高 5.4 厘米
右：径 27.8 厘米，高 5.5 厘米
山东省临沂市银雀山出土
漆盘内墨书"中射 買"三字，饰有云气纹、鸟头纹、弦纹。"中射"为汉代一种军职。这可能与大量兵书的出现有一定联系。

彩绘云气纹漆卮·西汉
径 10.5 厘米，高 10.1 厘米
山东省临沂市银雀山出土
银雀山汉墓大多为社会下层人士的墓地，出土的文物大都比较质朴。这件漆卮里髹红漆，表髹黑漆，绘红彩，饰有简单的流云纹、弦纹。

宽42厘米，高200厘米

山东省临沂市金雀山九号汉墓出土

剥蚀比较严重的长条形帛画出土时覆盖在棺盖上，是丧葬中所用的铭旌。帛画的画面大致分为天上、人间、地下三部分，最上方是天上的日、月和云朵，其下是蓬莱、方丈、瀛洲三座仙山，山前有雄伟华丽的建筑，中间是人世间的人的活动场面，最下端绘有白虎和方相氏。

《守法守令》等篇；论兵的篇章有《将败》、《将失》、《十问》、《略甲》、《兵之恒失》、《观法》、《程兵》、《将德》、《将过》、《曲将之法》、《雄牝城》、《五度九夺》、《积疏》、《选卒》、《十阵》等，可以说就是个古代军事文献博物馆，如果其墓主人不是从军的将军，又如何会专门收集如此多的兵书。其次，要有能力收藏这样多的文献，这个人肯定具有比较高的地位，有财力去收藏，猜测墓主是个将军是有道理的。

另一种说法认为墓主可能只是个普通人而已。墓地留下的材料除了一批珍贵的古书外，实在太少了，我们几乎看不到作为将军应有的富丽、奢侈的随葬品，而且连兵器等随葬物品也没有发现。所以，有人就认为，墓主人是个藏书家。从汉简上书写的字体可以推断，藏书时间可能是汉初，而且说是秦末也未尝不可。这段时间社会动乱，民生凋零。几乎没有人会去特意藏书。

从随葬品看，汉墓主人又没有什么显赫的身份，与大批藏书不符。那为何墓主又有众多书呢，原因可能是其祖上传下的，为免于战火和焚烧，于是埋入地下。据考，竹简可能比墓主更早就放置墓中了。

银雀山是我国先秦典籍的博物馆，保存这份珍贵材料的人却不知是谁，但我们仍然感谢他的遗赠。

陶胎褐漆鼎·西汉

径17厘米，腹径22厘米，高18.5厘米

山东省临沂市银雀山汉墓出土

简易的汉代灰陶胎红漆鼎，继承了东周以来的形制，但装饰已很平实。这从一个侧面说明了银雀山汉墓的简朴。

泰山无字碑是何人所立

无字碑·汉

高6米，宽1.2米，厚0.9米

山东省泰安县泰山

此碑置于山东省泰山玉皇殿大门西则，形制古朴，不着一字，故名。对此碑有两种说法：一说因秦始皇"焚书坑儒"，故于碑上"一字不鑿"；一说汉武帝登封泰山，为显示自己"受命于天"、"功德盖世"的超凡气概，觉得古登封台前，史称"立石"，即今无字碑，至今仍莫衷一是。

在山东泰山玉皇顶玉皇庙门前有一块石碑。石碑高约6米，宽约1.2米，厚约0.9米。碑顶上覆盖有一黄白色的石块，碑面上没有任何文字。就是这样一块形制古朴的石碑，千百年来却一直受到人们的争议。

围绕这块石碑，人们争论的焦点就是究竟何人立下了这块石碑的问题。《史记·秦始皇本纪》记载："上邹峄山，立石，与鲁诸儒生议，刻石颂秦德。议封禅望祭山川之事。乃遂上泰山，立石封词。"从以上文字记载可以看出秦始皇确实在山东泰山曾立下过一块石碑。所以明清两代就有不少人附会这块石碑为秦始皇所立。那么，泰山的这块无字碑真是秦始皇所立吗？细细研究我们可以发现此说漏洞百出。首先，《史记·秦始皇本纪》中说秦始皇在泰山立的是一块有字的碑，而绝不是我们现在看到的没有任何文字的碑。也许有人会说这块碑原来是有文字的，只是由于历经千年的风吹雨打，字被剥蚀殆尽而已。但是，现在看来，现存的无字碑并没有人们想象中的那样风化得很严重。而且，这块石碑在宋代时已经被称为无字碑，秦二世所立的石碑在宋代都还能辨识出146个字，如果无字碑当真为秦始皇所立，那么到宋代剥蚀得一字不存是无论如何也说不过去的。

看来，泰山无字碑确实并非为秦始皇所立。那么会是谁呢？有人又提出了另一种推测，认为是西汉武帝所立。元封二年，即公元前109年，汉武帝登上泰山，"泰山之草木叶未生，乃令人上石立之泰山颠。上遂东巡海上，四月还至奉高，上泰山封"。汉武帝在泰山顶上立过碑是事实。同时，史书上也只说"立石之泰山颠"而没有明确说过曾经在碑上刻写过文字，这与现在的无字碑刚好吻合。所以很有可能，泰山的这块无字碑说是汉武帝立的。明末清初的学者顾炎武也认为无字碑就是汉武帝立的。他说："始皇刻石之处凡六，《史记》书之甚明……无不先言立，后言刻者。惟于暖碣石则云刻石碣门。门自是石，不须立也。古人作史，立字之密如此，使秦始皇别立此石，秦焉得不记？使汉武有文刻石，汉史又安敢不录乎？"不过，为什么汉武帝不在石碑上刻字高歌他的文治武功呢？原来，据史料记载，有这样一个规矩，即不是开国皇帝，就没有资格在泰山刻石纪号。像汉武帝般雄才大略的人会甘心就此留下一生的遗憾吗？

至目前为止，大多数学者倾向于泰山石碑为西汉武帝所立，虽然仍有一些谜团尚未解开。要使这个千古谜团大白于天下，还有待后人的进一步探索。

汉委奴国王印 是真的吗

　　1784年，在日本北九州地区博多湾志贺岛，一农夫在耕地时发现一枚刻有"汉委奴国王"5个字的金印。金印为纯金铸成，长宽各2.3厘米。这一发现震惊中日两国，因为如果是真的，它将证明中日远在汉代就有密切交流。而这对日本的意义更大，因为当时日本是相当落后荒蛮之地，社会还处于奴隶制早期，他们的历史还没有专门的史官记录，几乎不可考。这次发现可以说明他们在很早就有能力出海到达大汉国。

　　对中日交往作明确记载的是在《后汉书·东夷列传》："建武中元二年(57)倭奴国奉贡朝贺，使人自称大夫，光武赐以印绶。"但这是否就是东汉光武帝赐给倭奴国王的那一枚印，日本学术界始终有争论。有人认为此印应为东汉光武帝所赐主印，即真印说。史书记载有此事应该不假，而且中国还发现了一枚与"滇王印"可以作为此印的佐证。据《史记》载："西南夷君长以百数，独夜郎滇受王印。"西汉时，夜郎古国及滇国均为西南夷中的强国，汉武帝为打通通向西域的商路，派使臣去滇国。滇王臣服汉室，汉武帝赐其"滇王之印"。1956年，云南晋宁县石寨山西汉古墓群中的一座滇王墓中发现"滇王之印"金印，印体方形，长宽各2.3厘米，高2.2厘米，蛇钮，阴刻篆体字。除上刻"滇王之印"四字与日本出土的"汉委奴国王"不同外，其他无论从外观、尺寸、字体形状等以及质地均同于日本的那一枚。

　　有人认为是日本人自己所刻，即假印说；还有人认为是日本人仿刻，即伪印说。这些看法，起始之因就在金印上所刻的是"委"而不是"倭"字。据《三国志·魏志·倭人传》对倭奴国的记载："旧百余国，汉朝有朝见者，今使译所通30国。"这就是说，日本有100余个部落国，到三国时，已逐步合并为三十国，由邪马台国女王卑弥呼统治。据日本学者考证，这个"倭奴国"应读为"倭"的"奴国"，它就是《魏志·倭人传》所述女王治下约三十国之一的"奴国"，位于今九州福冈市附近。为何印章上却是"委"字。而且要说明当时日本使者是否来过中国还要有更多的证据，不能仅凭史书上一句话和一枚难辨真伪的印章，但这方面的材料却又只有这些。

　　这枚印章到底是不是真的呢，还不得而知，有待更明确的中日交流方面的记录。

汉委奴国王金印·汉
边长2.4厘米，高2.24厘米
日本福冈县福冈市志贺岛出土

乾陵石像为何没有脑袋

乾陵是唐朝高宗李治与其皇后也就是后来成为一代女皇的武则天的合葬墓，位于今陕西省乾县的梁山上。乾陵除了武则天陵墓前的"无字碑"令人百思不得其解外，乾陵中的无头石像也为有关专家们出了一道不大不小的难题。

所谓乾陵中的无头石像，是指排列在乾陵朱雀门两侧的石人群像。东边有 29 尊，西边有 32 尊，每尊石像都与真人一样大小，他们的头颅全部不翼而飞。

那么，为什么石像上的头都神秘失踪了呢？据考证，这些石像本来都是有头的。对于这个谜题，人们仁者见仁，智者见智。有的人认为，那是八国联军干的好事。看见自己的同胞石像竟然这么恭恭敬敬地守立在中国皇帝面前，感到是奇耻大辱，于是乒乒乓乓把石像头都砸了个稀巴烂。可是史书上并没有提到过八国联军来过这里！

还有人根据文献记载，认为在明朝末年，乾县大面积流行一种可怕的瘟疫，死者不计其数。老百姓中普遍有一种看法，认为是乾陵中的这些少数民族首领和洋人在作怪，只有让他们的脑袋搬家，才能拯救整个县。于是大家就商量着把所有石像的头都敲碎了。

在明朝人李梦阳笔下还有这样一个故事，说乾陵的石人在太阳落山后都纷纷变成妖怪为害人间，在村里践踏田地，贪吃猪牛，无恶不作。老百姓气不过，抢起锄头把石像头都给砸了。

还有一种说法，极富现代眼光，认为后人觉得这些石像肯定是价值连城的宝贝，就想方设法把这些石像的头给弄下来了。北京颐和园智慧海那有几面墙上雕刻的许多小佛像都没有了头，兴许就是同一道理。

总之，乾陵石像为何好端端地没有了头？那些石像头到底哪里去了？这个问题仍需要我们努力去探索。或许，在不久的将来，这个谜就能大白于天下。

武则天 无字碑之谜

在今陕西省乾县西北的梁山上，有一座气势宏伟的皇陵——乾陵。乾陵是唐高宗李治及皇后即一代女皇武则天的合葬墓。乾陵东西两侧矗立着两块各高6米左右的墓碑，西面为"述圣碑"，碑文为武则天所撰写，歌颂着唐高宗的生前业绩，而东面就是举世闻名的无字碑。

武则天，中国古代唯一的一个女皇帝。郭沫若称她为"奇女子"。但就是这样一位曾经在中国历史上叱咤风云的女子，死后却没有依照惯例在其陵墓前树碑立传，以表彰其生前的功绩。一直活得轰轰烈烈，但在这时却又为什么戛然而止，甘自沉寂呢？

有人说武则天自小就冰雪聪明，智慧过人。立一块无字碑就是她别出心裁的表现。她认为自己功德无量，无法用文字来表述，取《论语》中"民无德而名焉"之意，故立一无字碑。

无字碑·唐

高6.3米，宽1.8米，厚1.3米
陕西省乾县乾陵

武后步辇图·唐·张萱

此图描绘了中国唯一的女皇帝武则天出行的情景，再现了盛世的气概。张萱是盛唐时期著名的人物画家，宋代的《宣和画谱》评其："善画人物，而于贵公子与闺房之秀最工。其为花蹊竹榭，点缀皆极妍巧。"

也有人认为武则天立无字碑并非是夸耀自己，恰恰相反，是她在晚年时幡然醒悟，自感罪孽深重，无脸述字。当其还为昭仪时，就与王皇后和萧淑妃钩心斗角，最终把她俩活活整死；当上皇后后，又施展出泼辣的政治手腕，培养党羽，消除异己，连长孙无忌也被逼自杀；登上帝位后，更是实行"铁血"政策，任用酷吏，滥施刑罚，残酷镇压反对势力，杀害了大批唐臣。特别是她改李唐为武周，大逆不道，愧对列祖列宗。

还有一种折中的说法，那就是武则天有自知之明，知道时人对她看法不一，议论颇多，于是干脆遗言留下无字碑，"是非功过，留与后人评说"。

近年来，对武则天的无字碑又有新说，认为无字碑的碑文可能埋在了地宫里。因为无字碑的阳面已经打上了方方正正的格子，似乎已经做好了镌刻碑文的准备。

孰是孰非，至今还是一个谜。有趣的是，今天的无字碑上却因密密麻麻地刻满了罕见的女真文字而愈显珍贵。这可能是宋金之时有少数民族路过时刻上去的。这种文字现已失传，所以这块石碑也就具有极高的研究价值和史料价值。恐怕武则天做梦也没有想到，自己的无字碑竟然还能为保存文字做出贡献哩！

丹丹乌里克
千年古画描绘的是什么

唐代高僧玄奘在《大唐西域记》中记下了自己去天竺（今印度）取经途中的所见所闻，里边记载着许多奇闻逸事。千万不要以为这些故事是玄奘胡编乱造的，因为近代考古已经发现了这些神话传说的实物证明，这就是沉寂了1000多年之久的丹丹乌里克的千年画图。

丹丹乌里克位于新疆和田一县东北部塔克拉玛干沙漠深处，玉龙喀什河畔。其遗址散落在低矮的沙丘之间，一群群古老的建筑物在沙漠中半露半掩着，残垣断壁随处可见，呜咽的风沙似乎在向人们诉说着昔日的辉煌。丹丹乌里克在唐代称梁榭城，属于当时的于阗国，是当时一个非常重要的佛教文化中心，印度文化源源不断地从外面注入，与当地文化本土文化和大唐文化相互融合，相生相长，形成了自己特有的文化风格。今天在那里发现的许多古代文书（有多种文字）、钱币、雕刻、绘画等文物，就有力地证明了这一点。

20世纪初，英国考古探险家斯坦因发现了几幅珍贵的唐代木版画和壁画，在世界美术界曾经轰动一时。这就是《鼠神图》、《传丝公主》和《龙女图》。抛开其绘画风格和艺术价值不论，单就说其竟能与《大唐西域记》的某些记载完全一致，就够神奇的了。

先说《鼠神图》。据《大唐西域记》记载：于阗国都城西郊有一座鼠壤坟，传说里面的老鼠个个大如刺猬，领头的是一浑身金银色彩的硕鼠。但人们只是听祖辈们说过，谁也没有真正见过。有一次，匈奴数十万大军进犯于阗，恰巧就驻扎了鼠壤坟旁。可怜于阗国小人少，只有数万兵力，哪里抵挡得住！于阗国王急得像热锅上的蚂蚁，实在走投无路，想起了传说中的神鼠，于是抱着侥幸心理摆出供品，向神鼠祭拜了一番。晚上，国王果真梦见一巨鼠，建议他第二日出兵，并许诺说必助其一臂之力。第二天交战时，匈奴军的弓弦、马鞍、军服之类不知什么时候都被老鼠咬断了，这样一来，自然丧失了战斗力。于阗军队大获全胜。为了感谢神鼠，国王就下令建造了神祠来供奉它。木版画《神鼠图》就画着一个头戴王冠的鼠头半身人像，在其身后还放射着椭圆形光环，威风凛凛地坐在两个侍从中间。或许，这就

鼠神图·唐 纵12厘米，横46厘米
新疆维吾尔自治区和田市丹丹乌里克佛寺出土
英国伦敦市大英博物馆藏

是传说中的鼠王吧!

　　木版画《传丝公主》画的是一个贵族模样的唐代妇女。只见她戴着高高的帽子,帽子里似乎藏有什么东西。在她两边都跪着侍女,左边那侍女左手还指着贵妇人的帽子。画板的一端画着一个篮子,装满了葡萄之类的小圆物。另一端还画一个多面形的东西。这幅画是什么含义呢?它想向我们讲述怎样的故事呢?结合《大唐西域记》这个谜就水落石出了。原来,画上的贵妇人是唐代的一位公主,被皇帝许配给了于阗国王。于阗国那时没有蚕丝,国王于是恳求公主带蚕种过来。可是,当时中国严禁蚕丝出口,怎么办呢?这位聪明的公主就把蚕种藏在了帽子里,顺利出了关。如此说来,那画中篮里装的根本不是什么葡萄,而是蚕茧,而另一端画的则应是用来纺丝的纺车。相传这位公主是第一个把蚕桑业介绍到阗的人,这么重要的人物和事件在艺术上有所表示是很合情合理的事。

　　关于《龙女图》的故事就更加充满浪漫色彩。与之相佐证,《大唐西域记》里有一则《龙女索夫》的记载。传说在于阗城东南有一条大河,原本浩浩荡荡,奔流不息,哺育着于阗国无数的农田。可不知怎么回事,河水竟然有一次断流了。这可把百姓们害苦了。听说这与河里的龙有关。国王于是在河边建了一座祠庙来祭祀,果真出现了一龙女,说她丈夫死了,以致如今无依无靠。要是国王能送她一个丈夫,水流就可以恢复。国王同意了,选了一个臣子,穿着白衣骑着白马跃入河中。从此,河里的水真的就再也没断过。了解散这个故事,再来欣赏这幅被称为古代东方绘画艺术杰作的壁画就不觉得怪异了。壁画的正中画着一名头梳高髻

公主的侍女表情夸张
地指向公主的头饰。

中国公主把桑树种子和蚕
卵藏在头饰里通过了边境

篮子里装满的蚕茧,说明
中国公主传播的成功。

的裸女，佩戴着项圈、臂钏、手镯，身段婀娜多姿，亭亭玉立于莲花池中。左手抚乳右手置腹，欣喜而又羞涩地回头俯视着脚下的一个男童。这名男童也是赤身裸体，双手抱着裸女的腿，并仰视着她。根据古代佛教绘画神大人小的处理方式，很明显，裸女应该是龙女，而男童是她向人间求婚得来的新夫。

实物与史料获得惊人的统一，这在考古学上已不是什么新鲜事。但有的学者仍持有 异议。他们认为结绘画内容的解释应该从佛教故事中寻求，而不能只停留于当时的世俗生活中。木板画和壁画的内容真是《大唐西域记》里所记载的内容吗？至今谁也说不清楚。

骑乘人物图·北朝

新疆维吾尔自治区和田县丹丹乌里克出土
英国伦敦大英博物馆藏

这件四至六世纪的绘画作品是英国人斯坦因在二十世纪初于新疆维吾尔自治区丹丹乌里克一所住宅的东南角发现的，背面有五处木榫，是挂于墙上的饰品，此图与古代佛教故事有关。

在蚕丝传入和田以后，和田产生了自己的丝绸守护神。

此图最为典型的画法是人像上眼皮用红色，眉毛用黑色勾轮廓。

梭子、纺织机说明于田国丝织业的兴盛。

传丝公主图·唐

纵12厘米，横46厘米

新疆维吾尔自治区和田丹丹乌里克市佛寺出土
英国伦敦市大英博物馆藏

明代古海船有多大

　　明代开国几十年后，中国广州等沿海的大都市发展得十分繁荣。在经济获得良好的发展之后，发展海外交通和海外的贸易已经是十分迫切的事。明成祖也想利用对外活动，展示自己的实力，并建立自己的声望。因此，远航活动就势在必行了。要航海就要有能经受大风大浪的海船，明代能造出巨型海船吗？答案是肯定的，因为郑和七次下西洋都使用了巨型海船，并顺利出访远在地球另一边的国家。

　　不过据史书描述，郑和用的船却不是一般的大，而是惊人的大，明代真的能造出这样的船吗？

　　在郑和下西洋的船队中，有5种类型的船舶。第一种类型叫"宝船"。最大的宝船长44丈4尺，宽18丈，载重量800吨。这种船可容纳上千人，是当时世界上最大的船只。它的体式巍然，巨无匹敌。它的铁舵，须要二三百人才能举动。第二种叫"马船"。马船长37丈，宽15丈。第三种叫"粮船"。它长28丈，宽12丈。第四种叫"坐船"，长24丈，宽9丈4尺。第五种叫"战船"，长18丈，宽6丈8尺。

　　人们从这些原始记载里了解宝船的概貌，可是疑问也就

郑和下西洋时的海船模型

156

从此产生了。船到底有多大？这是难解之谜。有的研究者把马欢记述的宝船尺度换算成现代公制，因明代的一尺相当于今天的 31 厘米，故宝船竟长达 138 米、宽为 56 米，这种巨型的木帆船，其排水量估计在 3 万吨左右，比现代国产万吨货轮还要大得多！宝船规模如此之大，引起了国内外学者的浓厚兴趣，这样在研究中便产生了一个疑问：如此大的"宝船"在明代可能出现吗？

第一种说法，他们相信史籍中关于宝船尺度的记载，他们认为，从历史渊源、明代生产技术水平、中国以及世界造船能力来看，出现郑和宝船那样的奇迹，并不是不可能的。汉朝时，我们已经是世界上最强大的海洋大国。我们的海上"丝绸之路"已经延伸到了波斯湾。中国是有航海传统的国家，郑和下西洋，不是一个偶然，而是一个必然，它是在我们前面航海传统上的延续。

郑和下西洋也需要造那么大的船，一是装载官军及应用物资的需要；二是装载赏赐品和贸易物资的需要；三是"欲耀兵异域，示中国富强"的需要。由此可见，不单是远洋航行的需要，特别是明朝政治上的耀兵、经济上示富的需要，促使郑和下西洋建造起这么大的船舶来。

郑和宝船与当时的其他船舶和现代船舶相比较，是很宽的。宽的船体对航行速度不利，为什么用于远洋的郑和宝船却如此之宽呢？原来，当时船舶均由木材建造，作为远洋航行的船只，就需要随带大量的人员和食品以及应付各种需要的财物，也就是说需要大的载重量和众多的舱室，而要增大载重量和舱室，就需要增加船长和船宽。船长了，抗击海水冲击的能力就会降低，而郑和船只远洋又常常会遇上狂风恶浪，因而航行速度在远洋航行中相比较却显得次要。所以说，造这样大的航海船是可能的。

宁波船图·明

北京市中国国家博物馆藏
郑和船队最大的海船长 44 丈 4 尺，宽 18 丈，立 9 桅，挂 12 帆，是当时世界上最大的木帆船。短宽型船体的设计，体现了先进的造船技术，行驶起来平稳安全。船队航行中兼用天文与水罗盘导航。明朝时期，中日贸易频繁，日本人广泛接触中国船只并绘制了《唐船之图》，记录了当时中国的造船技术及船的式样。宁波船是其中的一种。

今天已有比这更大的航空母舰，当时的巨轮材料是木制的，但集全国之力造出几只是可能的。

第二种观点，认为《明史》没错，船的大小却不同。他们说《明史》记载宝船尺度是可信的，只是其使用的尺度不一样。其使用的度量尺度与明代通用的尺度不同，明代通用尺寸一尺相当于现在的 31 厘米，而量古船的尺度为更古老的"七寸"尺，这种尺在上古是通行的，相当于 20 多厘米。不过即使这样，古船也是大得惊人，充分说明我国造船业的先进。

第三种观点，认为不会有那么大的船。他们认为，如果按照《明史》对古船的描述，古船竟然大到超越现代万吨巨轮，这显然不可能，因此，只能是史籍中的记载发生了错误。真正的史书已经被毁，《明史》本身的真实性受到怀疑，而且古人也一直有夸大的传统。

他们引用了南京静海寺出土的郑和下西洋残碑，碑文里说郑和船队为 2000 料或 1500 料的海船，据此推算，这种船只能是十几丈长宽而已。因此，郑和下西洋所乘宝船的尺寸，颇有可能是：长 18 丈，宽 4.4 丈，在明代有可能出现这样大小的船，但也不可能造得太多。

明代能否造出这么大的海船还有待考证，但是无疑我国当时的造船、航海技术是一流的。

图书在版编目（ＣＩＰ）数据

中国考古未解之谜 / 谢万幸，杨飞编著 .—2 版 .—北京 : 光明日报出版社，2004
（2025.1 重印）（图文未解之谜系列丛书）

ISBN 978-7-80145-944-2

Ⅰ . 中… Ⅱ .①谢…②杨… Ⅲ . 考古学史－中国－通俗读物 Ⅳ .K87-49

中国国家版本馆 CIP 数据核字 (2004) 第 141414 号

中国考古未解之谜

ZHONGGUO KAOGU WEIJIE ZHI MI

编　　著：谢万幸　杨　飞

责任编辑：李　娟　　　　　　　　　　责任校对：乔　楚

封面设计：玥婷设计　　　　　　　　　封面印制：曹　净

出版发行：光明日报出版社

地　　址：北京市西城区永安路 106 号，100050

电　　话：010-63169890（咨询），010-63131930（邮购）

传　　真：010-63131930

网　　址：http://book.gmw.cn

E－mail：gmrbcbs@gmw.cn

法律顾问：北京市兰台律师事务所龚柳方律师

印　　刷：三河市嵩川印刷有限公司

装　　订：三河市嵩川印刷有限公司

本书如有破损、缺页、装订错误，请与本社联系调换，电话：010-63131930

开　　本：170mm×240mm

字　　数：125 千字　　　　　　　　　印　　张：10

版　　次：2010 年 1 月第 2 版　　　　印　　次：2025 年 1 月第 3 次印刷

书　　号：ISBN 978-7-80145-944-2

定　　价：27.80 元